广州城市智库丛书

新常态下广州经济增长动力趋势分析

欧江波 唐碧海 范宝珠 伍晶 ○ 著

中国社会科学出版社

图书在版编目(CIP)数据

新常态下广州经济增长动力趋势分析 / 欧江波等著 . —北京：中国社会科学出版社，2021.12
(广州城市智库丛书)
ISBN 978-7-5203-9473-4

Ⅰ.①新… Ⅱ.①欧… Ⅲ.①区域经济发展—研究—广州 Ⅳ.①F127.651

中国版本图书馆 CIP 数据核字（2021）第 270121 号

出 版 人	赵剑英
责任编辑	喻　苗
责任校对	杜若普
责任印制	王　超

出　　版	中国社会科学出版社
社　　址	北京鼓楼西大街甲 158 号
邮　　编	100720
网　　址	http://www.csspw.cn
发 行 部	010-84083685
门 市 部	010-84029450
经　　销	新华书店及其他书店
印　　刷	北京明恒达印务有限公司
装　　订	廊坊市广阳区广增装订厂
版　　次	2021 年 12 月第 1 版
印　　次	2021 年 12 月第 1 次印刷
开　　本	710×1000　1/16
印　　张	13.5
字　　数	176 千字
定　　价	69.00 元

凡购买中国社会科学出版社图书，如有质量问题请与本社营销中心联系调换
电话：010-84083683
版权所有　侵权必究

《广州城市智库丛书》
编审委员会

主　任　张跃国

副主任　朱名宏　杨再高　尹　涛　许　鹏

委　员（按姓氏音序排列）

　　　　白国强　蔡进兵　杜家元　郭昂伟　郭艳华　何　江
　　　　黄石鼎　黄　玉　刘碧坚　欧江波　孙占卿　覃　剑
　　　　王美怡　伍　庆　杨代友　姚　阳　殷　俊　曾德雄
　　　　曾俊良　张　强　张赛飞

前　言

2007年美国次贷危机和2008年国际金融危机,不仅严重冲击了2007年、2008年全球经济的短期增长,而且对世界经济的长期发展造成了巨大的、转折性的影响,使全球经济和我国经济都开始进入所谓的新常态发展阶段。西方最早提出新常态概念的美国太平洋投资管理公司CEO埃里安在2014年对新常态做了更明确的阐释,指出西方发达经济体由于存在超高的杠杆比率、过度负债、不负责任地承担高风险和信贷扩张等因素,在危机过后将陷入长期疲弱、失业率高企的泥沼状况,加上决策当局因循旧制的经济政策,也会使得这种新常态长期化;几乎与西方新常态现象同步,我国也出现了经济增速由高速向中高速转型、经济结构调整升级明显加快、经济增长动力也出现明显的新旧转换,构成中国特色的新常态的主要内容。尽管中外新常态词汇相同,但国内和国外"新常态"的内涵和实质显然是存在差异的。

新常态对经济增长动力影响巨大。一方面,新常态对经济增长动力的总量和规模形成制约,造成经济增长速度的明显下滑甚至长期停滞;另一方面,新常态将构成倒逼机制,迅速地、大规模地推动旧动能的丧失并刺激新动能的产生,从而加快新旧动能转换,推动产业、社会乃至空间的快速转型升级。在这种大背景下,研究经济增长动力的现状特征和变动趋势,无疑具有重大的现实意义。

本研究基于中外新常态的大背景，以广州这座国家中心城市为主要样本，在遵循经济增长动力研究的"要素维度"的经典模式基础上，进一步引入"产业维度"和"需求维度"来进行对比研究，得到了更准确、更清晰、更生动的研究结论。全书由欧江波负责总体设计和最终审核，共分为五章，其中第一章主要由欧江波撰写，第二章主要由唐碧海撰写，第三章主要由伍晶撰写，第四章主要由范宝珠撰写，第五章由欧江波、唐碧海、范宝珠、伍晶共同撰写。由于我们水平有限，文中难免存在错漏，敬请读者批评指正。

欧江波

2021 年 5 月于广州

目　录

第一章　导论 ……………………………………………（1）
　一　新常态内涵和特征 ………………………………（1）
　二　研究背景 …………………………………………（7）
　三　研究思路和框架 …………………………………（12）

第二章　新常态下广州经济增长动力
　　　——基于要素结构的分析 …………………………（16）
　一　中心城市生产要素构成演化及其
　　　在经济增长中的作用 ……………………………（16）
　二　广州经济增长与要素变动特征分析 ……………（30）
　三　广州经济增长要素贡献实证分析 ………………（62）
　四　新常态下广州要素驱动力趋势判断 ……………（68）

第三章　新常态下广州经济增长动力
　　　——基于产业结构的分析 …………………………（81）
　一　产业结构演变与经济增长：相关理论与
　　　一般规律 …………………………………………（81）
　二　广州产业结构变动特征分析 ……………………（94）
　三　新常态下广州产业结构变动趋势判断 …………（111）

第四章 新常态下广州经济增长动力
——基于需求结构的分析 ……（123）
- 一 需求结构对经济增长影响的相关研究综述 ……（123）
- 二 广州经济增长需求结构变动特征分析 ……（133）
- 三 新常态下广州需求结构变动趋势判断 ……（157）

第五章 新常态下增强广州经济增长动力的思路建议 ……（173）
- 一 积极推进创新驱动战略 ……（173）
- 二 努力确保投资稳定增长 ……（176）
- 三 扎实推进城市更新改造 ……（181）
- 四 加快构建人才高地 ……（183）
- 五 优先发展现代服务业 ……（184）
- 六 做大做强先进制造业 ……（188）
- 七 不断促进消费转型升级 ……（191）
- 八 主动融入区域一体化发展 ……（194）
- 九 继续坚持全方位高水平对外开放 ……（196）
- 十 着力营造良好营商环境 ……（197）

参考文献 ……（201）

第一章 导论

一 新常态内涵和特征

(一) 中国经济发展新常态的内涵

"新常态"（The New Normal）的概念最早由美国太平洋基金管理公司总裁 M. 埃里安于 2008 年开始使用，以预言 2008 年国际金融危机之后世界经济增长可能的长期态势。2010 年在其著名的题为《驾驭工业化国家的新常态》的报告中，正式用新常态概念来诊释危机后世界经济的新特征。2014 年埃里安对新常态做了进一步阐释：新常态主要是指西方发达经济体在危机过后将陷入长期疲弱、失业率高企的泥沼的状况，造成这一状况的直接原因是超高的杠杆比率、过度负债、不负责任地承担高风险和信贷扩张等因素，发达经济体要消化这些负面冲击需要较长时期，同时决策当局因循旧制的经济政策，也会使得此一新常态长期化。

在中国，新常态一词则与中国经济转型升级的新发展阶段密切相联。2014 年 5 月，习近平主席在河南考察时首次使用新常态概念。2014 年 11 月 10 日，习近平主席在亚太经合组织工商领导人峰会开幕式上的演讲中指出："中国经济呈现出新常态，有几个主要特点：一是从高速增长转为中高速增长；二是经济结构不断优化升级，第三产业、消费需求逐步成为主体，城乡区域差距逐步缩小，居民收入占比上升，发展成果惠及更广大民众；三是从要素驱动、投资驱动转向创新驱动。"经济新常态既是挑战也带来发展的机遇。习近平主席指出："新常态将给中国带来新的发展机遇。第一，新常态下，中国经济增速虽然放缓，实际增量依然可观；第二，新常态下，中国经济增长更趋平稳，增长动力更为多元；第三，新常态下，中国经济结构优化升级，发展前景更加稳定；第四，新常态下，中国政府大力简政放权，市场活力进一步释放。"[1]

2014年12月9日的中央经济工作会上，习近平主席进一步从消费需求、投资需求、出口和国际收支、生产能力和产业组织方式、生产要素相对优势、市场竞争特点、资源环境约束、经济风险积累和化解以及资源配置模式和宏观调控方式把中国经济新常态的特征归纳为九个方面，认为我国经济正在向形态更高级、分工更复杂、结构更合理的阶段演化，经济发展进入新常态，正从高速增长转向中高速增长，经济发展方式正从规模速度型粗放增长转向质量效率型集约增长，经济结构正从增量扩能为主转向调整存量、做优增量并存的深度调整，经济发展动力正从传统增长点转向新的增长点，并集中表达了新常态将给中国带来新机遇的乐观预期。同时明确："我国经济发展进入新常态是我国经济发展阶段性特征的必然反映，是不以人的意志为转移的。认识新常态，适应新常态，引领新常态，是当前和今后一个时期我国经济发展的大逻辑。"[2]

（二）新常态下中国经济增速和波动特征

1. 经济增速转为中高速

我国经济增长速度从2012年开始结束近20年10%左右的高

---

[1] 习近平：《谋求持久发展 共筑亚太梦想——在亚太经合组织工商领导人峰会开幕式上的演讲》，2014年11月，新华网（http://www.xinhuanet.com//politics/2014-11/09/c_1113174791.htm）。

[2] 《中央经济工作会议在京举行》，2014年12月，新华网（http://www.xinhuanet.com/politics/2014-12/11/c_1113611795.htm）。

速增长，转而进入增速换挡期。根据国家统计局数据，2012—2019年我国的经济增长率分别为7.9%、7.8%、7.4%、7.0%、6.8%、6.9%、6.7%、6.1%。经济增速回落的原因主要包括：一是数量型人口红利消失；二是国内环境质量问题凸显，全球绿色发展呼声趋强；三是工业化快速同构推进遭遇全球经济危机引起产能过剩，整体投资的边际效益下降；四是国际经济环境总体不如以前；五是经济总量已经达到全球第二后导致原来的低基数效应和后发优势作用减弱；六是当温饱问题基本解决时，社会关注重点有所调整，进一步发展和提高效率的现实压力相比改革开放前期有所降低。

2. 经济结构加快调整升级

伴随着增速调整，经济结构不断优化升级。从需求侧看，消费、投资和出口等三大需求都出现总量增速减缓、结构和质量不断升级的显著变化。从供给侧看，劳动投入遭遇劳动人口总量下降和劳动力成本上升的大趋势，资本投入遭遇普遍产能过剩、投资机会减少、投资收益率下降、隐性风险显性化、环境承载能力接近上限等多重障碍，生产方式逐步向小型化、智能化、专业化方向转变，但供给能力在质的方面还难以适应需求的新变化，经济增长必须更多依靠人力资本质量、技术进步和整体综合实力。这些趋势性变化正在使我国经济向形态更高级、分工更复杂、结构更合理的阶段演化，经济发展进入新常态。

3. 经济增长波动明显减弱、波幅显著缩小

2012—2019年，年度内经济季度同比增速波动幅度不超过1个百分点，其中2013—2019年的年内经济季度同比增速波动幅度分别为0.6、0.3、0.2、0.1、0.2、0.4、0.4个百分点，2016年的年内经济同比增速波动幅度只有0.1个百分点，与2011年之前普遍超过1个百分点形成鲜明对比，增长波动明显减弱，波动幅度显著缩小。

4 新常态下广州经济增长动力趋势分析

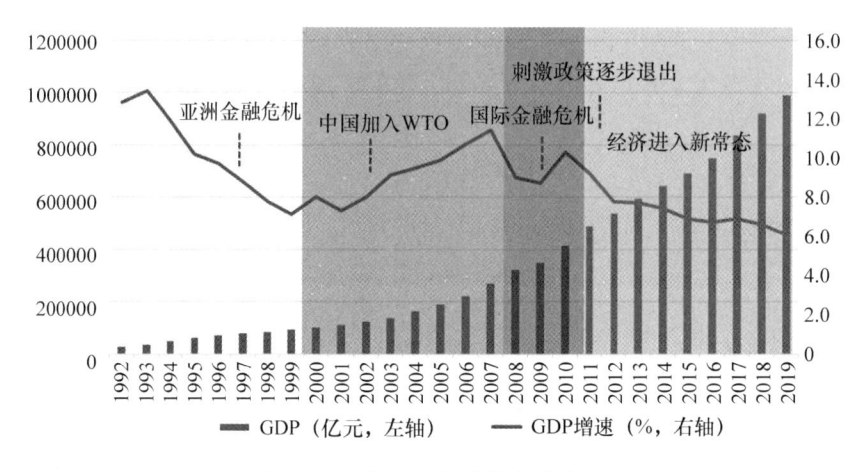

图1-1 中国经济增长变动情况

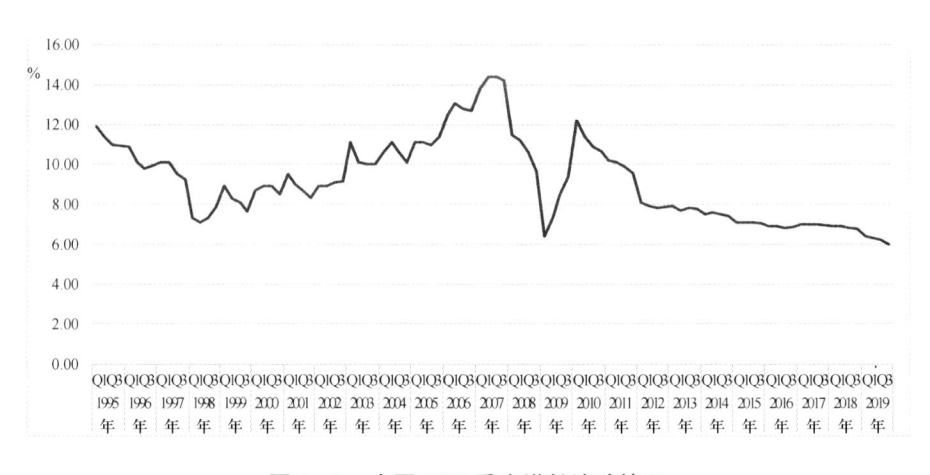

图1-2 中国GDP季度增长波动情况

4. 中国经济未来发展仍有较大潜力与空间

从人均发展水平看,我国与发达经济体之间仍有很大追赶空间,如果我国的比较优势能够充分发挥,将还会有20—30年的正常中高速增长。从发展动力看,国内庞大的市场需求和升级空间也为我国创新驱动发展提供了强大支撑。在目前国内低端产能普遍过剩、很多高端需求得不到有效供给的情况下,人们的创新意识和动力较强,创新增长成为热潮,加上政府的正确引导和改革促进，更有利于我国通过优胜劣汰、提高效率、促进专业化和提高创新驱动力为下一轮的经济发展打下良好基础。从政策空间看，我国较低的政府债务水平为财政政策留足了空间，较高的利率水平和存款准备金率为货币政策调整留下了很大余地，国内储蓄率仍然较高，外汇储备厚实，国内城市化和基础设施投资仍有较广阔空间，总体产业升级仍有很长的路要走，"一带一路"和"走出去"的潜力巨大，因此，我国并不缺乏促进经济增长的可用政策工具。

（三）新常态下中国经济增长的动力机制

1. 通过供给侧结构性改革促进增长

改变过去的偏重于从需求侧的宏观总量刺激政策，确保经济长期稳定增长。中外实践经验已经证明，长期过度使用需求侧总量刺激政策会有很大的副作用和后遗症，如政策效果和政策潜力快速递减、债务风险不断积累、经济的质量效率和综合竞争力下降等。供给侧结构性改革政策则注重制度变革、结构优化、要素升级，虽然见效慢、难度大、短期风险高，但实施得好却能够切实提高全要素生产率、实现经济健康可持续增长，目前我国正通过推进全面改革、结构转型、创新驱动，使经济增长的动力结构发生重大转换。

2. 数量型人口红利让位于质量型人口红利

2011年以来我国15—64岁劳动年龄人口占总人口比重逐步下降，总抚养比逐步上升，这意味着我国人口红利消失的拐点已经出现。虽然数量型人口红利已经消失，但质量型人口红利仍将持续。一方面政府正在推动教育制度改革，加强职业技术培训，建设高水平大学，有助于提高我国劳动力素质，缓解人力资源有效供给不足的矛盾。另一方面"大众创业、万众创新"也为人力资源升级提供了更多机会，可以预期未来我国的人力资源质量将逐步提高。

3. 新产业革命方兴未艾，为我国经济创新驱动提供重要机遇

全球技术创新渐趋活跃，新产业、新技术、新业态、新模式层出不穷。技术革命及其导致的产业变革体现在以下几个方面：一是新能源技术和能源存储输送技术取得突破，能源产业革命方兴未艾。二是新一代信息技术取得突破，传统产业链、商业模式、生活方式面临变革。三是以基因技术为主要特点的生命科学加快发展，将在农业、人口健康等领域孕育重大突破，医学和农业发展模式正在发生深刻的变化，相关领域将迎来全新发展机遇。四是新材料和数字制造领域突飞猛进，绿色和智能制造将替代或升级传统制造业。材料更加绿色、高效、可循环利用，3D打印技术、人机融合的智能制造成为新热点。五是空间技术、海洋技术、油气开采技术、生态环境技术等正在加快完善和成熟，相关产业成为新的增长点。全球科技革命导致产业变革，有利于我国利用规模人力资源和科研优势，加快产业转型和培育新兴产业。

4. 我国构建开放型新体制，进一步提高对外开放质量和水平，有利于以开放促改革、促转型

党的十八届五中全会将"开放"列为五大发展理念之一，我国正在以服务业为重点推动更高水平的对外开放，加快自贸区的创新和发展，将成功经验复制推广到其他地区，在金融、教育、医疗卫生、体育、文化娱乐等领域，以对外开放带动对内开放，激发竞争活力和需求潜力，为经济稳定持续发展扩展新的空间。在深度参与全球分工的态势下，我国将更加注重争取占领全球贸易投资规则制定的制高点，由以往的被动应对逐步转到主动引领，以构建广泛的利益共同体，实现与世界经济的互利共赢为核心，实行"力度更大""层次更高"的全方位开放和各方共赢的国际合作。我国正在推动"一带一路"建设以及国际产能合作，将改变世界数十亿人民还没有享受到大规模工业化和良好基础设施便利的现状，为我国商品市场、制造业以及更广泛的领域的发展带来巨大机遇。通过扩大开放交流、加强国际国内合作，带动创新、推动改革、促进发展，形成与周边国家与地区深度融合的互利合作格局。

二 研究背景

（一）新常态下广州经济发展面临较大挑战

在经济发展新常态的大背景下，广州经济社会发展正在发生深刻变化，发展速度由"高速增长"全面转入"中高速增长"，发展模式从速度规模型粗放增长转向质量效益型集约增长，发展动力从"投资驱动为主"向"投资与创新双轮驱动"转型。但是，发展中的一些深层次、结构性问题仍未得到根本解决，仍存在不少困难和挑战，突出表现在以下几个方面。

一是经济增长动力有待增强。最近十多年以来，广州经济增长速度震荡下行，特别是最近几年增速下降十分明显。2013年之前广州GDP保持11%以上的双位数增长，2014年以后增速跌落至个位数，2015—2019年广州经济增速分别为8.3%、7.6%、6.7%、6.0%和6.8%。传统增长动力正在快速衰减，新兴增长动力亟待壮大，新旧动能转换仍需加快，高端高质高新现代产业新体系和战略性新兴产业仍有待进一步培育发展，创新体系还不完善，科技成果转化机制有待健全，高端人才和创新型企业集聚不足。

二是国家中心城市功能有待加强。区域综合服务能级相对偏低，白云机场旅客吞吐量、货邮吞吐量与首都机场、上海浦东—虹桥机场存在一定差距，广州港集装箱吞吐量只有上海港的一半不到，广州作为金融中心的能级远低于上海、北京、深圳，缺乏全国性的市场交易平台。总部经济实力偏弱，2020年广州的世界500强、中国500强企业分别为3家和20家，数量大大低于北上深杭，缺少像华为、腾讯、阿里等具有超强带动力的核心企业和龙头企业，本土企业国际化程度仍较低。与周边地区的合作有待深化，广州与珠三角地区其他地市尚未形成"总部＋生产基地"的分工关系，广州对泛珠三角的辐射与带动还主要局限于交通网络、生态环保等领域的一体化，其他实质性的合作成果不多。

三是城市空间布局和建设有待优化。老城区非中心城区功能未能得到有效疏解，外围新城承接中心城区人口和功能溢出能力不足。城市管理能力有待加强，城中村和城乡结合部人居环境质量有待提升，城市管理精细化、品质化水平还不高。民生资源配置不均衡，义务教育均衡优质发展仍需加强，医疗卫生资源布局不尽合理，薄弱领域和薄弱地区基础设施建设相对滞后，白云北部、黄埔、番禺、花都、南沙、增城、从化等外围区域名校和大型综合医院数量有待增加。

四是要素制约日益明显。土地资源紧约束的形势日益严峻，城市更新任务繁重，存量用地效率有待提高，部分重大项目建设仍存在落地难、征地拆迁等问题；河涌污染、大气污染、城市热岛等一系列生态环境问题依然存在，环保压力较大；受我国数量型人口红利逐渐消失影响，近年来来穗人员增速明显趋缓，特别是年轻人员占比呈现趋势性下降，人工成本较快上升，人才资源的结构性矛盾突出。

（二）增强广州经济增长动力具有重大现实意义

1. 新常态下增强经济增长动力是广州城市发展的现实要求

从内部发展看，经济稳定增长是城市活力得以维系的最根本基础。保证地区持续的经济增长，可以满足更多的就业需求，提高居民收入和消费水平，发挥城市专业化的主导功能。只有在经济稳定增长的基础上，城市才能更好地发挥其在社会、经济、生活中的支撑作用，才能更好地带动其他方面的活力发展。因此，增强经济增长动力、保持经济稳定增长对于城市活力的培育、激发、优化极为关键,是一切活力源头得以发展的根基。

增强经济增长动力、保持经济持续较快发展是新常态下广州经济社会发展的中心工作和基本战略。一方面,广州只有保持中高经济增长速度,才能有效推动产业升级、城市更新和民生社会事业发展,才能在百舸争流、不进则退的区域竞争格局中不落伍、不掉队;另一方面,在我国经济进入新常态、国内外总体需求不足、经济增长要素制约不断加剧、区域竞争异常激烈的大背景下,抓紧优化经济结构、促进经济社会转型升级、推进经济保持持续较快发展不仅是诸多约束条件下的现实需要,而且也是促进广州中长期持续发展的战略选择。在经济新常态的背景下,广州未来经济增长不仅要注重"量"的提升,而且更强调"质"的优化,是又好又快的可持续发展。

2. 新常态下增强经济增长动力是提升广州城市竞争力的重要手段

从外部比较来看,随着国家大开放、大发展格局的形成,广州传统竞争优势不断弱化,适应时代新变化的能力和动力还较欠缺,城市综合实力不仅与北京、上海的差距逐渐扩大,而且被深圳、重庆等新兴城市快速赶上,广州国家中心城市的影响力和综合竞争力面临着前所未有的危机和挑战。

建设全球资源配置中心是广州作为重要的国家中心城市,提升城市国际竞争力和影响力的必然要求。纵观世界顶尖的全球城市,几乎都是全球资源配置中心,而这些城市实现全球资源配置的共性经验主要是:在产业结构上,实行现代服务业与先进制造业的双引擎驱动,重点突出金融业的领先优势;在要素集聚上,强化总部经济的布局,注重先进人才、创新园区和创意文化等高端资源的集聚;在支撑条件上,构建良好的国际化营商环境、便捷高效的世界大交通枢纽以及优良的生态与生活环境。作为中国重要枢纽城市之一,广州提出了未来迈向全球资源配置中心的建设方向,未来要不断提高全球资源的配置能力,增强广州经济发展动力,保持经济持续较快发展,是服务和强化枢纽型网络城市功能的抓手和载体,也是提升广州城市竞争力的重要手段和目的。

(三) 新常态下广州具备增强经济增长动力的条件与基础

1. 从要素结构看,广州拥有较深厚的人力资本和实体资本积累

一是人力资本比较充裕。广州作为国家中心城市,基础设施相对较完善,各类人才聚集,市场空间广阔,对各层级劳动力和各方资本有很强的吸引力。虽然伴随着劳动人口老龄化现象和劳动参与率的下降趋势,劳动力增长将进一步放缓,但人力资本仍将继续提升。

二是实体资本比较雄厚。随着广州加快建设国际航运枢纽、国际航空枢纽,国际综合交通枢纽功能不断提升,资本要素增速和贡献率虽然在前一阶段高速增长基础上有所降低,但仍可望维持较高速度和贡献率。

三是创新资源比较丰富。广州作为教育和科研中心,拥有丰富的创新资源,产业转型升级对技术创新的需求也越来越迫切,为未来广州全要素生产率提升提供良好基础。

2. 从产业结构看,服务经济主体地位增强

服务业比重和结构持续优化。三次产业结构由 2010 年的 1.58∶38.09∶60.33 调整为 2019 年的 1.06∶27.32∶71.62,第三产业增加值 2019 年达到 16923.22 亿元,以服务经济为主体的现代产业体系基本建立。金融业加速发展,2011—2019 年增加值年均增长 11.1%,2019 年达 2041.87 亿元,占全市 GDP 的比重达 8.6%。商贸会展业地位凸显,2019 年批发和零售业商品销售总额达 7.14 万亿元,限额以上批发和零售业实物商品网上零售额为 1386.91 亿元,占社会消费品零售总额的 13.9%,"广州价格"影响力进一步增强。物流业发展较快,2011—2019 年交

通运输、仓储和邮政业增加值年均增长9.7%，一批现代物流龙头企业不断壮大，现代物流新业态发展迅猛。

工业发展趋向高端化。2019年全市规模以上工业企业完成高新技术产品产值9407.77亿元，占工业总产值的49.0%，比2010年提高10.5个百分点。支柱产业地位进一步凸显，汽车、电子信息、石油化工三大支柱产业占规模以上工业总产值的比重由2010年的48.0%上升至2019年的50.5%。重大装备产业实力不断增强，电力装备、船舶及海洋工程、楼宇装备等领域的生产能力居全国前列，输变电设备制造业产值约占全省五成，船舶产能达500万载重吨/年，成为全国三大造船基地之一，核岛主设备自主研制和批量制造能力全国领先，盾构机、顶管机、超大载重电动轮自卸车实现自主研制，建成城市轨道车辆、和谐型大功率电力机车修理、改造、组装、设计、服务基地。智能装备及机器人产业初具规模，现已形成上游减速器、控制器、伺服电机等关键零部件，中游机器人本体，下游系统集成的工业机器人产业链。集成电路产业集聚发展，粤芯12英寸晶圆项目顺利投产，有效填补了制造业的"缺芯"空白。

3. 从需求结构看，内需贡献率持续提高

消费升级步伐加快。广州着力推动国际商贸中心建设，中心城市消费集聚功能进一步增强，2011—2019年社会消费品零售总额年均增长10.8%，高于同期GDP增速2.2个百分点。2011—2017年最终消费支出占GDP的平均比重达到49.7%，对经济增长的年均贡献率达到47.0%。网络消费快速发展，体验式购物模式方兴未艾，集零售、餐饮、娱乐于一体的现代化购物中心加快发展。

投资结构进一步优化。在重点建设项目带动下，全市固定资产投资实现稳步增长，2011—2019年平均增长11.3%，高于同期GDP增速2.7个百分点。2011—2017年资本形成总额占GDP的比重达到36.0%，对经济增长的年均贡献率达到

42.2%。从投资主体看，民间投资增长较快，2011—2019年平均增长17.6%；从投资领域看，第三产业投资占比不断提高，2019年达到84.9%，比2010年提高4.1个百分点。

外贸出口稳步转型升级。广州积极实施外贸稳增长、调结构系列政策，在国际经济不景气的宏观环境下，2011—2019年商品出口总值（按美元计价）仍保持了5.2%的年均增速。2011—2017年货物和服务净流出占GDP的比重达到14.3%，对经济增长的年均贡献率达到10.8%。出口产品、市场和主体结构持续优化，旅游购物、租赁贸易、保税物流、保税维修、服务贸易等外贸新业态进出口快速增长。

三 研究思路和框架

经济增长动力研究是宏观经济学特别是经济增长理论的核心问题。亚当·斯密在其《国富论》中特别重视劳动对经济增长的贡献，认为劳动分工提高了劳动生产率，而劳动生产率的提高是经济增长的主要源泉。

哈罗德和多马最早将经济增长理论进行模型化处理，各自独立提出了所谓"哈罗德—多马模型"，哈罗德（Harrod，1939）[1]假定长期居民储蓄率和资本产出比例均保持固定比例，从而可以计算长期经济增长率等于储蓄率除以资本产出比。索洛（Solow，1956）[2]和斯旺（Swan，1956）[3]引进了连续可微的柯布—道格拉斯生产函数，放弃了不合实际的固定比例假定，并引入一个附加中性技术进步的生产函数，建立了索洛—斯旺

---

[1] Harrod R. F. (1939). An essay in dynamic theory. *The Economic Journal* (193), 193.

[2] Solow, Robert M. (1956). "A Contribution to the Theory of Economic Growth", *Quarterly Journal of Economics*, 70, February, 65–94.

[3] Swan, Trevor W. (1956). "Economic Growth and Capital Accumulation", *Economic Record*, 32 (November), 334–361.

模型，将经济增长的贡献因素拓展为劳动、资本和技术进步，成为新古典增长模型的框架基础。

索洛—斯旺模型及其扩展和修补模型将技术进步视为外生变量，往往得不到令人满意的分析和预测结果。此后的经济增长理论开始将技术进步内生化，从而形成内生增长理论或新增长理论，其中 Arrow（1962）和 Sheshinski（1967）构建的干中学（learning by doing）模型以及 Lucas（1988）、Rebelo（1991）、Caballe 和 Santos（1993）、Mul-ligan 和 Sala-i-Martin（1993）等人构建的人力资本模型是典型代表，通称第一代的内生增长模型，一般采用 Y = AK 形式的生产函数，避免了资本收益的递减趋势。[①]

第二代内生增长模型抛弃了完全竞争的假定，将有目的的 R&D 活动和不完全竞争引入模型中来，因此也叫做基于创新的（innovation-based）内生增长理论。[②] Aghion 和 Howitt[③] 将基于创新的内生增长模型分为两条平行研究路线：一条是以 Romer（1990）、Grossman 和 Helpman（1991）为代表的产品多样化模型，另一条是以 Aghion 和 Howitt（1992）为代表的熊彼特模型。

从上述经济增长理论的主流发展脉络来看，将经济增长动力归因于劳动、资本和技术进步的贡献是常规做法，也就是说主流范式主要从要素维度研究经济增长动力，这无疑是正确的，尤其对于较大规模、较长时段、较为稳定的经济体而言，往往能够得到比较准确到位的经济解释和政策建议。不过，对于经济规模较小、系统稳定性较弱、边界开放且要素流通难以准确计量的经济体，如大部分的城市经济体，仅仅基于要素维度的动力研究往往得不到满意结果：要么要素计量准确性不够，导

[①] 唐勇：《创新及其动力机制研究综述》，《中外企业家》2013 年第 12 期。
[②] 唐勇：《创新及其动力机制研究综述》，《中外企业家》2013 年第 12 期。
[③] 菲利普·阿格因（Philippe Aghion）、彼得·豪伊特（Peter W. Howitt）：《增长经济学》，杨斌译，中国人民大学出版社 2011 年版。

致研究结果存疑；要么研究结果过于宏观或简单，难以与中观甚至微观政策形成有效对接，政策意义大为弱化。

有鉴于此，本书在坚持传统的"要素维度"来研究广州经济增长动力的基础上，增加了"产业维度"和"需求维度"来进行同样问题的研究，并对三大维度的研究结论进行对比、综合，得到比较丰富、生动的研究结论。

本书分为5章来进行阐述。研究框架见图1-3。

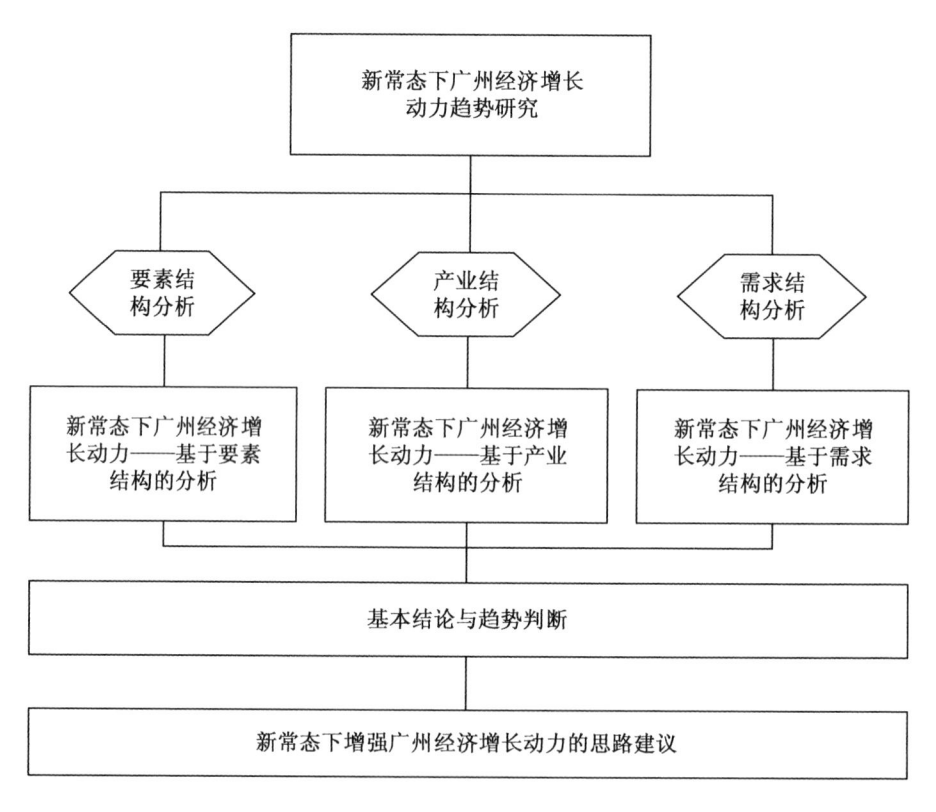

图1-3 研究框架

第一章"导论"，介绍了课题研究的背景、意义和相关理论，提出了以"要素结构、产业结构、需求结构"等三大维度为重点的研究思路和框架。

第二章"新常态下广州经济增长动力——基于要素结构的

分析"，在总结中心城市生产要素构成演化及其在经济增长中的作用基础上，通过构建数学模型，深入分析了1990年以来广州劳动力、资本存量、全要素生产率等要素变动特征，提出了在新常态下广州总体劳动需求将继续保持小幅增长，资本存量可望实现稳定增长，全要素生产率有望保持稳步提高。

第三章"新常态下广州经济增长动力——基于产业结构的分析"，在总结产业结构演变与经济增长相关理论以及中心城市产业转型升级一般规律的基础上，深入分析了1990年以来广州产业结构变动特征，提出了新常态下广州产业发展呈现出服务业较快发展、农业发展保持稳定、制造业低速发展的趋势，产业结构呈现出服务业比重继续上升、制造业和农业比重下降的态势，未来新产业、新技术、新业态、新模式将迅猛发展，新一代支柱产业将逐步培育形成。

第四章"新常态下广州经济增长动力——基于需求结构的分析"，在总结需求结构对经济增长影响的相关研究基础上，深入分析了1990年以来广州需求结构变动特征，指出新常态下未来广州经济增长需求侧动力仍是消费与投资，其中消费将继续稳定支撑经济增长，有效投资在经济增长中仍起关键作用，外需对经济增长拉动将保持一定水平。

第五章"新常态下增强广州经济增长动力的思路建议"，从科技创新、投资、城市更新改造、人才、现代服务业、先进制造业、消费、区域一体化、对外开放、营商环境等十个方面提出了新常态下增强广州经济增长动力的系列思路建议。

第二章 新常态下广州经济增长动力
——基于要素结构的分析

一 中心城市生产要素构成演化及其在经济增长中的作用[①]

(一) 生产要素的概念及构成

经济增长理论中的生产要素概念,是指生产过程中投入的可计入生产成本的经济资源,是国民收入的来源,可以分为人的要素和物的要素及其结合因素。随着研究的逐步深入,生产要素具体包括范围经历了二要素(土地、劳动)、三要素(土地、劳动、资本)、四要素(土地、劳动、资本、企业家才能或信息或技术)、五要素(土地、劳动、资本、管理、技术)、六要素(土地、劳动、资本、管理、技术、数据)、七要素(土地、劳动、资本、管理、技术、知识、数据)等演化过程(见图2-1)。

生产要素结构指参与生产过程的生产要素在类型、数量和质量等方面的构成和组合状况。随着生产技术和生产力的发展,生产要素结构也会随之产生适应性调整,历史上曾经经历过劳动密集型、资金(或资本)密集型、技术(知识)密集型等不

---

① 叶飞文:《要素投入与中国经济增长》,博士论文,厦门大学,2003年。

图 2-1 生产要素的主要构成

同要素结构特征阶段，即使是同一种类型的要素，在不同技术和生产力阶段也会有不同的要求特点。例如，对土地而言，相对于传统农业，现代农业的要求已经可以放松到沙漠甚至工厂化；对劳动者而言，一方面要求文化技术水平更高，另一方面由于机械化、自动化和智能化的快速发展对体力劳动者的需求越来越少。

（二）土地要素

1. 土地要素是生产的基础

作为生产要素的土地，是指包括陆地、水域和各种自然资源（如矿产、水、空气、阳光、动植物等）的统称，其中陆地和水域具有位置不动性和持久性的特征，是人类几乎任何经济活动都必须依赖和使用的资源。在原始社会，土地要素主要指未经人类劳动改造过的狩猎场、采摘场、放牧场等。在农业社会，随着种植业的发展，耕地成为财富的主要来源。18世纪50—70年代在法国兴起的重农学派把土地看作各国收入及财富的唯一来源或主要来源①。在现代社会,大量土地被用于工厂、交通物流、办公、商业和公共服务等。

2. 土地要素的基本属性和作用

相对于其它生产要素,土地要素是难以增加的,其总量受限于国土面积,随着人口增加和经济发展,土地的稀缺性会日趋增强,当然个别国家可以通过到国外租用土地来增加可用土地面积。自然界中的土地在投入生产使用之前,通常需要进行土地开发,比如:投入工业生产需要进行"三通一平"等,投入农业生产需要先把自然土地开垦成为耕地,当然草原土地可以直接投入牧业。为提高有限土地要素的利用效率,管理者想尽各种办法,城市可以提高建设用地的容积率,农业可以进行套种、间种、立体种养,甚至农业工厂化、楼房封闭自动化养猪等。

(三) 劳动要素

1. 劳动要素是财富的重要源泉

人们很早就认识到劳动是财富的重要来源。威廉·配第(William Petty)认为土地是财富之母,劳动则是财富之父②,即土地和劳动都是创造财富的生产要素。大卫·李嘉图(David Ricardo)认为除了土地上生长的物品,一切产物都是生产性劳动的结果③。庞巴维克(Boehm-Bawerk)认为一切生产要素都是自然和劳动力两种作用的结果④。亚当·斯密(Adam Smith)在《国富论》中重点强调劳动力的重要性⑤,与原来重农主义者的土地是价值的主要来源的观点不同,认为国民财富的产生主要

---

① 布阿吉尔贝尔:《法国详情及补篇》,商务印书馆1981年版;魁奈:《魁奈经济表及著作选》,华夏出版社2005年版。
② 配第(Petty):《赋税论》,华夏出版社2006年版。
③ 大卫·李嘉图:《政治经济学及赋税原理》,商务印书馆1976年版。
④ 庞巴维克(Bohm-Bawerk):《资本实证论》,商务印书馆2009年版。
⑤ 斯密(Smith):《国富论》,上海三联书店2009年版。

取决于劳动力的技术、技巧和判断力以及劳动力占总人口的比例这两个因素，强调自由市场机制下的劳动分工会引起生产的大量增长，终将达至国富民裕。

2. 劳动要素的基本属性

劳动要素是生产要素中最具能动性的要素，劳动者有自己的思想，可以自主感知、判断和决策，可以通过学习培训不断提高能力，可以自主选择职业、自由流动。但劳动要素总量受限于总人口，从出生到成为劳动力需要经历很长时间和很高的社会成本，当然生产的最终目的也是为了人的需求和发展。单个劳动要素的日常使用也需要生活资料和休息时间进行维持，其成本通常体现在工资薪酬中。从各国经济发展的波动中通常会发现[1]，在经济从低谷走向恢复阶段，往往伴随着劳动力投入的快速增长，在经济进入持续发展阶段，劳动投入通常也保持较快增长；在经济出现波折前后，往往出现劳动力投入增速较大回落甚至负增长。在发达国家，失业率和非农就业新增量是判断宏观经济走势的重要指标。

3. 劳动要素对经济增长的作用

劳动要素对经济增长的贡献主要有三个途径。

（1）通过增加劳动力的数量来增加总产出

首先是人口总规模的增加，最典型的是某一时期婴儿潮将带来若干年后总适龄劳动人口较快增长，从而带动经济进入繁荣期，但这也会带来在不同时期抚养比上升或老龄化影响经济发展的问题；其次是在人口总规模难以增加的情况下，通过提高劳动参与率来增加劳动要素供给，如出台政策鼓励女性参加工作、延迟退休年龄等，但这也会导致闲暇时间减少影响福利和消费等问题；最后是从外部输入劳动力，很多国家或地区都通过适当的政策从外部输入劳力来增加某方面的劳动力供给，

---

[1] 于江波、王晓芳：《经济增长驱动要素在空间与时间两维度的动态演变轨迹》，《经济与管理研究》2015 年第 36 期。

但同时也担心可能引起的社会安全和稳定等问题。

（2）通过劳动力的优化配置来增加总产出

包括：从人均产出较低的产业（如第一产业）重新配置到人均产出较高的产业（如第二、第三产业）；或者从逐渐衰落的行业（如低端制造业）重新配置到新兴行业（如高端制造业、新兴服务业等）；或者从人均收入较低的地区（如农村或落后地区）重新配置到人均收入较高的地区（如城市或发达地区）等。袁志刚和解栋栋（2011）的研究发现中国以农业部门就业比例过高为特征的劳动力错配对经济增长的全要素生产率（TFP）有着显著的负效应，其效率损失区间为 -18%——-2%。并且这种负效应仍在波动中逐渐扩大①。

（3）通过提高劳动力的能力或效率来增加总产出

首先是通过教育提高劳动力个体的能力；其次是通过干中学增加劳动力个体的技能、熟练度和工作经验；最后是通过优化制度和管理、采用新的信息沟通工具等提高团队整体的工作效率。这里所讲的很大程度上是与实物资本相对应的人力资本概念，人力资本（Human capital）是指劳动者受到教育、培训、实践、迁移、保健等方面的投资而获得的知识和技能的积累，作为一种特定的资本可以带来工资等收益。对人力资本的衡量通常有两个途径，一个是多数学者采用的受教育年限或者教育投入等反映劳动力文化教育水平的指标，这是衡量人力资本的一个比较自然的内在指标，但也存在着由于教育与市场需求相脱节所带来的问题；另一个是用劳动力效用的市场化指标——劳动报酬或工资总额作为人力资本的代理指标，朱平芳和徐大丰（2007）提出了基于劳动工资收入的中国城市人力资本的估算方法②，但这一方法也存在着由于劳动力市场供求关系变动导

---

① 袁志刚、解栋栋：《中国劳动力错配对 TFP 的影响分析》，《经济研究》2011 年第 7 期。

② 朱平芳、徐大丰：《中国城市人力资本的估算》，《经济研究》2007 年第 9 期。

致失真的问题；还有部分学者将前两者相结合，对初等教育、中等教育和高等教育分别设置不同的回报率来综合评价总的人力资本。

（四）资本要素

1. 资本要素是生产运行的重要保障

随着资本主义的发展和研究的深入，资本在财富创造过程中的重要性开始被认识到。让-巴蒂斯特·萨伊（Jean-Baptiste Say）从交换价值角度分析得出商品的效用是由劳动、资本、土地三要素共同创造的结论，并建立了"三个统一体"的分配理论（即劳动—工资，资本—利息，土地—地租），认为价值是劳动的作用、自然所提供的各种要素的作用、资本的作用联合产生的成果，提出劳动、资本、土地是最基本的三种生产要素[①]。马克思把生产要素分为三大类：劳动者、劳动资料、劳动对象[②]，劳动者指在生产过程中发挥劳动功能的人；劳动资料指生产工具、能源设施、基础设施等；劳动对象分为未经加工的天然存在的劳动对象（土地、矿藏等）和人类加工过的劳动对象（中间产品），其中的劳动资料和劳动对象对应的主要是资本。狭义的金融会计中的微观资本是投资者所拥有的为获取利润并得到增殖的本钱，我们这里说的资本要素是宏观经济中从全社会层面看的广义的资本，包括的范围很广，总体上可以分为固定资产和流动资产，固定资产包括物业、生产设备、土地、交通工具、基础设施等，流动资产包括产成品库存、原材料库存、半成品等，通常可以用货币进行计量。

2. 资本要素对经济增长的作用

现代经济社会生产活动离不开资本要素的投入，资本要素通过生产过程得到产品和服务，并通过市场交易得到价值的回收、

[①] 萨伊：《政治经济学概论》，商务印书馆1963年版。
[②] 马克思：《资本论》，人民出版社2004年版。

循环和增殖。20世纪40年代末期的哈罗德和多马（Harrod & Domar）认为资本是经济增长最大的驱动力[①]，其Harrod-Domar模型得到的结论是，决定一个国家的经济增长水平的最主要因素有两个：一是决定全社会投资水平的储蓄率，二是反映生产效率的资本—产出比率。该模型假设劳动力投入与资本同比例增长，这是该模型的一大局限。

3. 资本存量的计量

代表资本要素的资本存量包括固定资产和流动资产，但流动资产数据比较缺乏，因此常常用固定资产存量代替资本存量。我国官方对资本存量没有给出相应的统计数据，需要研究者去估算，不同的文献常常采用不同的假设和处理方法，使得对资本存量的估算差异较大，最常用的方法是永续盘存法。为了让不同类型的资本品可以进行加总，需要对其进行统一量纲，通常采用购置成本或市场价值。为了让不同年份投资额可比，通常会用价格指数平减当期的投资，但我国的固定资产投资价格指数从1991年起才有数据公布。由于技术的进步，新的资本品往往质量更好售价更低，旧的资本品市场价值会随着新资本品的出现而降低，因此对新的投资进行价格平减的做法也存在不合理之处。资本还会因被使用而出现磨损，效率相应减小，这就是固定资产的折旧，技术的进步也会客观上加快老的固定资产市场价值的"折旧"，资本存量估算中最常用的折旧率是5%，部分学者采用10%，特别是技术进步很快的高新技术行业。资本存量的增长在经济起飞阶段是经济增长的主要动力，在经济发展日趋成熟之后，资本存量的增长将逐步趋于平稳。

[①] Harrod R. F. (1939), "An essay in Dynamic Theory", *The Economic Journal* (193), p. 193., Domar E. D. (1963), "Essays in the Theory of Economic Growth / Evsey D. Domar", *The Economic Journal*, 73 (290), p. 295.

(五) 技术要素或全要素生产率[①]

1. 技术要素是经济增长的重要源泉

随着科学技术的发展,进一步的研究发现管理和技术(统称技术要素)对经济增长起到重要作用。阿尔弗雷德·马歇尔(Alfred Marshall)提出组织管理或企业家才能对生产发挥重要作用,应列为第四生产要素[②]。库兹涅茨(Simon Smith Kuznets)用统计方法对各国经济增长进行分析比较后得出结论:先进技术是经济增长的一个重要来源[③]。Robert Merton Solow (1956)得到研究结论:技术是一种重要的生产要素[④]。Michael E. Porter (1985)把生产要素分为初级要素与高级要素[⑤],初级要素包括天然资源、气候、地理位置、非技术工人与半技术工人、融资等;高级生产要素包括现代化通信基础设施、高素质人力资本、大学研究机构等。

2. 技术要素对经济增长的作用

技术要素的作用在于可以提高生产效率,其作用方式多种多样,包括提高设备的效率、提高劳动力的效率、提高生产组织效率、提高产品或服务的质量、降低成本等。技术要素的获得包括实践经验积累总结、研发投入、引进学习等,新技术要素的产生通常需要投入较大的人力物力和经历较长的时间,特别是原创性的新技术要素。不过新技术一旦获得,则可以一直

---

① 赵妍:《技术交易对经济增长的贡献研究》,博士学位论文,西安电子科技大学,2014年。的"第二章 相关理论基础"对技术要素如何影响经济增长做了较详细的综述。

② 阿尔弗雷德·马歇尔:《经济学原理》,朱志泰译,商务印书馆2005年版。

③ Kuznets, S. (1971) *Economic Growth of Nations: Total Output and Production Structure*, Harvard University Press, Cambridge, Massachusetts.

④ Solow, Robert M. (1956). "A Contribution to the Theory of Economic Growth", *Quarterly Journal of Economics*, 70, February, pp. 65 – 94.

⑤ Porter, M. E., *Competitive Advantage: Creating and Sustaining Superior Performance*, Simon & Schuster Inc, 1985.

使用下去，直到下一个更好的新技术出现，而且用得越多越广泛，所产生的总体效益就越大。因此，科学研究、技术发明、知识普及等需要政府大力支持、企业长期投入和专利制度保护。大的技术进步往往需要有相应投资的增加（如研发投资、新设备购置、新厂房的建设等）和劳动力素质的提升（如通过教育培训提高已有劳动者能力、通过招聘掌握新技能的员工来应用新技术、通过研发或生产实践使劳动者的经验不断积累从而提升其能力），甚至需要调整有关制度规定（如汽车代替马车需要与汽车相适应的交通规则、自动驾驶代替人工驾驶需要出台新的交通管理制度）。

3. 技术要素的计量

20世纪60年代发展起来的新古典经济增长理论将代表技术水平的全要素生产率（Total Factor Productivity，TFP）纳入经济增长模型，得出技术进步（或全要素生产率的提高）是经济增长的主要驱动力的结论。这里的技术进步是广义的技术进步，既包括狭义的生产和产品技术进步，也包括广义的组织管理技术进步，组织管理技术既包括企业生产经营管理技术，也包括政府对经济社会的管理技术（如体制、机制、法律、法规、政策等）。新古典经济增长理论主要是指美国经济学家索洛提出的经济增长的理论，索洛模型以柯布-道格拉斯生产函数为基础，假定资本—产出比例是可变的，改进了哈罗德-多马模型，但还没将技术进步作为重要因素纳入模型。1960年，索洛和米德对该模型进行补充，在原有模型中引入了技术进步和时间因素，该模型被称为"索洛—米德模型"，也被称为新古典增长模型，所阐述的增长理论被称为新古典经济增长理论，该理论认为：资本积累最终引起资本收益递减，最终减少储蓄并放慢资本积累率；经济增长率受人口增长率和技术变革率的影响；技术进步会增加资本需求，提高实际利率，并引起增加资本存量的储蓄。模型中代表技术水平的全要素生产率反映的是单位投入带

第二章 新常态下广州经济增长动力——基于要素结构的分析

来的产出,即投入产出效率,说明发展水平越高的国家或者地区,可以用更少的投入带来更大的产出。

全要素生产率的决定因素有技术水平、制度创新、资源配置效率、专业化水平、规模经济水平等。技术水平的提高会带来生产效率的提高,当技术水平处于落后状态时,技术提升可以通过技术引进(技术扩散)和学习以较低成本和较短时间获取,经济发展速度可以较快;当技术水平已经处于前沿状态时,技术提升需要通过自主研发以较高成本和较长时间得到,经济发展速度往往较慢。制度创新则通过优化环境、提高分工合作效率、减少内耗、降低交易成本、抑制负溢出、鼓励正溢出等途径提高整体生产效率。资源配置效率提高可以在投入要素总量不变的情况下增加总产出,从而提高生产效率,如农村剩余劳动力进城务工、发达区域产业向落后区域转移、企业的并购重组等,但这往往需要有合适的制度环境才能顺利实现。专业化分工包括企业内部的劳动分工和企业之间的产业链分工,专业化水平提高可以使生产环节中每个个体都能更加专注自己的分工,从而更容易、更快地提高工作效率,并大幅提高整体生产效率。技术进步对生产函数的影响方式是多样的,既可以是节约劳动型或节约资本型,也可以是提高整体效率型,还可以是混合型。

对中国经济增长驱动力的研究中,韩莹(2008)通过1978—2007年技术进步对经济增长贡献的测算发现,技术进步对中国经济增长的贡献度在40%左右[1]。郑小勇(2004)发现资本和技术分别对浙江经济增长的贡献率为50%和47%,劳动力的贡献率低于2%[2]。吕宏芬和池仁勇(2008)发现技术进步对上海经济增长的贡献率接近60%,江苏和浙江经济增长靠资

---

[1] 韩莹:《技术进步对我国经济增长贡献率的测定及实证分析》,《经济问题探索》2008年第4期。

[2] 郑小勇:《浙江省经济增长要素贡献率的实证分析》,《经济与管理》2004年第7期。

本推动，贡献度分别为57%和52%[①]。类似的研究包括姚战琪（2009）[②]、涂正革和肖耿（2005）[③]、高良谋和李宇（2009）[④]、陈勇和李小平（2006）[⑤]、金碚（2015）[⑥]。学术界对驱动中国经济增长的要素达成共识，资本、劳动力和技术三要素共同驱动。

（六）数据要素

随着信息技术普及推广，数字化和智能化的重要性也越来越突出，越来越多人认识到数据也是重要的生产要素。党的十九届四中全会2019年10月31日通过的《中共中央关于坚持和完善中国特色社会主义制度 推进国家治理体系和治理能力现代化若干重大问题的决定》提出"健全劳动、资本、土地、知识、技术、管理、数据等生产要素由市场评价贡献、按贡献决定报酬的机制"，把生产要素分为劳动、资本、土地、知识、技术、管理、数据等七大要素。2020年4月9日，中共中央、国务院印发的《关于构建更加完善的要素市场化配置体制机制的意见》对土地、劳动、资本、技术、数据五个领域深化要素市场化配置的改革方向。数据要素的重要性在于我们可以通过合适的算法获得我们感兴趣的有关产品、客户、环境等方面的信息和规律，从而优化生产运营、改进产品和服务，数据要素已成为数字经济时代各类平台企业不惜重金争夺的"石油资源"。

[①] 吕宏芬、池仁勇：《江、浙、沪技术进步贡献率实证分析》，《科技管理研究》2008年第8期。

[②] 姚战琪：《生产率增长与要素再配置效应：中国的经验研究》，《经济研究》2009年第11期。

[③] 涂正革、肖耿：《中国的工业生产力革命——用随机前沿生产模型对中国大中型工业企业全要素生产率增长的分解及分析》，《经济研究》2005年第3期。

[④] 高良谋、李宇：《企业规模与技术创新倒U关系的形成机制与动态拓展》，《管理世界》2009年第8期。

[⑤] 陈勇、李小平：《中国工业行业的面板数据构造及资本深化评估：1985—2003》，《数量经济技术经济研究》2006年第10期。

[⑥] 金碚：《中国经济发展新常态研究》，《中国工业经济》2015年第1期。

（七）要素贡献的计量

从理论和实证上对生产要素在经济增长中的贡献进行客观、清晰、准确的评价是一个世界性难题，主要原因是经济系统太过复杂，其产出水平不仅受投入的生产要素影响，还受到经济周期波动、宏观经济政策、外部经济环境、市场供求关系、产业链基础等复杂因素的影响，即使以上问题不存在，经济增长和生产要素的统计计量也存在很多不同的方案和很大的争议。虽然国际上有大量经济学家对此进行了深入研究，包括索罗、卢卡斯、阿罗等诺贝尔经济学奖得主，尝试通过生产函数模型模拟经济运行，但也只能得到有一定参考意义的经验估计值，要得到大家公认的可信可用的结果仍面临很大困难。

1. 生产函数选择及要素贡献测算

评价生产要素的贡献首先离不开生产函数。生产函数可以是微观的（企业生产函数）也可以是宏观的（经济增长模型），都是把一定的生产要素投入组合（自变量）映射到对应的产出（因变量）的函数，是反映投入与产出关系的经济模型。

$$Y_t = f(X_{1t}, X_{2t}, \cdots, X_{nt})$$

其中 $X_{it}, i = 1, 2, \cdots, n$，为时间 t 的 i 类生产要素投入，Y_t 是总产出。

生产函数的形式可以是线性的（如列昂惕夫生产函数），也可以是非线性的（如超越对数生产函数），最常用的是科布—道格拉斯生产函数。

$$Y_t = A_t L_t^\alpha K_t^\beta \tag{1}$$

其中 L_t 为时间 t 的劳动投入，K_t 为时间 t 的资本投入，A_t 为时间 t 的全要素生产率，α 和 β 为劳动和资本替代弹性参数，满足 $0 < \alpha, \beta < 1$。

不同的生产函数对应不同的要素替代关系和规模报酬变化特征，CES 型生产函数对应要素之间常替代弹性的关系，科布

—道格拉斯生产函数中如果各生产要素的弹性系数之和等于 1（即 $\alpha+\beta=1$）则对应规模报酬不变，大（小）于 1 则对应规模报酬递增（减）。

本书选用科布 – 道格拉斯生产函数，如果我们得到了参数 α 和 β 的估计，就可以通过以下公式计算时间 t_1 和 t_2 全要素生产率的估计：

$$A_{t_1} = L_{t_1}^{\alpha} K_{t_1}^{\beta} / Y_{t_1} \quad A_{t_2} = L_{t_2}^{\alpha} K_{t_2}^{\beta} / Y_{t_2} \tag{2}$$

从而可以计算全要素生产率 A_t 的增速的估计，再结合劳动要素、资本要素和产出从时间 t_1 到时间 t_2 增速，就可以计算劳动要素、资本要素和全要素生产率对经济增长贡献率的估计。

2. 潜在增长率及预测[①]

另一个体现经济增长与生产要素关系的概念是潜在增长率，这是在考虑了经济增长存在波动性的情况下提出的。"潜在产出"和"潜在增长率"的概念由 Knowles（1960）[②]、Okun（1962）[③]、Levy（1963）[④] 等学者明确提出，认为其是"在合理稳定的价格水平下，使用最佳可用技术和最低成本的投入组合，且资本和劳动利用率达到充分就业状态时，经济所能生产的物品和服务量"。潜在产出的概念主要涉及两个限定条件：一是实现充分就业，二是非加速通货膨胀。

实际的经济增长率可以低于潜在增长率，也可以高于潜在增长率。在社会总需求小于社会总供给的条件下，社会的生产潜力没有得到充分发挥，现实经济增长率往往低于潜在经济增

[①] 冯明：《中国经济中长期潜在增长率研究：进展、共识和分歧》，《财经智库》2020 年第 5 期。

[②] Knowles J W，"The Potential Economic Growth in the United States"，*Joint Economic Committee Congress of the United States STUDY PAPER* NO. 20．1960.

[③] Okun A M，"Potential GNP：Its Measurement and Significance"，*Proceedings of the Business and Economics Statistics Section*．1962.

[④] Levy M E，"Fiscal Policy Cycles and Growth Research Report from the Conference Board"，*Studies in Business Economics*．1963.

长率。反之,在社会总需求大于社会总供给的条件下,现实经济增长率往往高于潜在经济增长率。

基于凯恩斯主义理论和新古典主义理论的文献对潜在产出波动的理解存在一定差异。凯恩斯主义更倾向于从总供给—总需求的框架下来认识潜在产出,认为潜在产出反映了供给端的长期生产能力,但在需求端冲击的作用下,实际产出可能偏离潜在产出,从而产生经济周期。新古典主义则更倾向于从外生技术冲击的角度来认识潜在产出:理性经济主体对外生技术冲击做出反应,从而产生经济周期,潜在产出更多被理解为实际产出的趋势项。

经济下滑可能是潜在产出下降造成的趋势性下滑,也可能是周期性因素导致的短期下滑。不同性质的下滑对应不同的产出缺口,不同的产出缺口对应不同的政策选择。错误认定导致错误政策,而错误政策往往代价巨大。如果将潜在产出下降错认为周期性因素而采取扩张政策,其结果可能是通货膨胀失控。如果将周期性因素错认为潜在产出下降,不够宽松的宏观经济政策会加剧经济恶化,从而损害长期增长。合理测算潜在经济增长率对我们制定中长期经济增长目标具有重要参考意义。

测算潜在经济增长率有很多方法,包括增长核算模型法(生产函数法)、滤波平滑法、国际经验比较法等[①]。基于凯恩斯主义传统的理解更契合于增长核算法或生产函数法,基于新古典主义传统的理解更契合于多种类型的"滤波平滑法"。国际经验比较法主要依据经济发展不同阶段对应不同的潜在增长率进行类比预测。

3. 测算思路

本书将在科布-道格拉斯生产函数基础上采用增长核算模型

---

① 冯明:《中国经济中长期潜在增长率研究:进展、共识和分歧》,《财经智库》2020年第5期。

对广州的资本、劳动和技术进步对经济增长的贡献率进行估计，并对广州潜在经济增长率进行估算和预测。基于用增长核算模型的广州要素贡献率估计及潜在经济增长率测算基本思路是：

①选定增长核算模型的适当函数形式；

②分析2000年以来广州资本和劳动等要素投入情况；

③对资本和劳动的产出弹性进行估计；

④分别估计资本、劳动和技术进步对经济增长的贡献率；

⑤对全要素生产率进行模型构建；

⑥对未来资本和劳动投入进行预测；

⑦对未来潜在经济增长率进行预测。

二 广州经济增长与要素变动特征分析

（一）经济增长变动特征分析

1. 经济规模变动特征分析

改革开放以来，广州经济增长明显呈现四个阶段性特征[①]（见表2-1和图2-2）。

一是1978—1996年间，处于改革开放摸索期，经济发展出现多次较大的起伏。

二是1996—2002年间，亚洲金融危机前后至加入WTO前后，广州经济经历平稳发展期。

三是2002—2010年间，随着我国加入WTO，广州经济在小幅波动中快速增长。

四是2010—2019年间，与全国经济发展进入新常态基本同步，广州经济增速也经历了从高速增长向中高速增长的调整期。

---

① 说明：这四个阶段之间存在渐变过程，时间上有相互重合。

表 2-1　　改革开放以来广州 GDP 总量和实际增速情况　　单位：亿元，%

年份	地区生产总值	地区生产总值实际增速	年份	地区生产总值	地区生产总值实际增速
1978	43.1	10.3	1999	2139.2	13.2
1979	48.8	13.4	2000	2492.7	13.3
1980	57.5	15.4	2001	2841.7	12.7
1981	63.4	8.6	2002	3204.0	13.2
1982	72.2	10.3	2003	3758.6	15.2
1983	79.7	9.3	2004	4450.6	15.0
1984	97.7	17.4	2005	5154.2	12.9
1985	124.4	18.3	2006	6081.9	14.9
1986	139.5	5.7	2007	7140.3	15.3
1987	173.2	15.2	2008	8287.4	12.5
1988	240.1	17.8	2009	9138.2	11.7
1989	287.9	4.8	2010	10748.3	13.2
1990	319.6	11.3	2011	12423.4	11.3
1991	386.7	16.3	2012	13551.2	10.5
1992	510.7	23.3	2013	15420.1	11.6
1993	744.3	26.4	2014	16706.9	8.6
1994	985.3	18.8	2015	18100.4	8.4
1995	1259.2	16.4	2016	19610.9	8.2
1996	1468.1	12.5	2017	19871.7	6.7
1997	1678.1	13.4	2018	21002.4	6.0
1998	1893.5	13.1	2019	23628.6	6.8

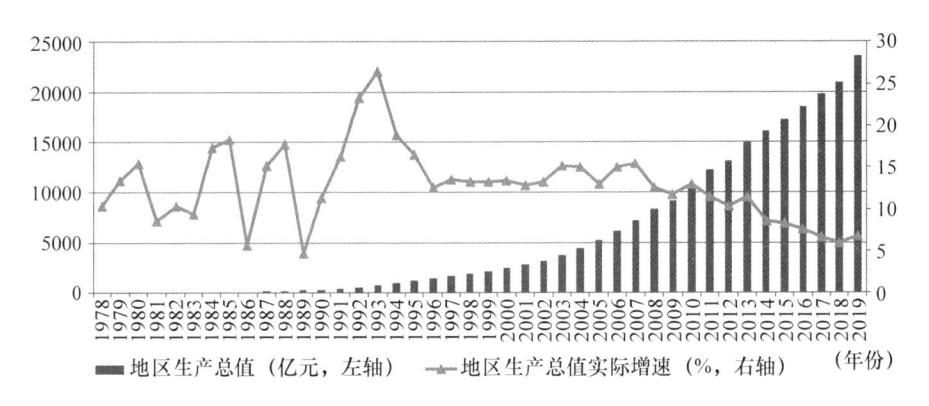

图 2-2 改革开放以来广州 GDP 总量和实际增速

2. 行业增加值结构变动特征分析

2000 年以来，广州 GDP 行业结构变动主要特点是：第三产业比重逐步提高，2010 年比 1999 年提高 8.3 个百分点，年均提高 0.8 个百分点，2015 年比 2010 年提高 5.2 个百分点，年均提高 1.0 个百分点，2019 年比 2015 年提高 6.1 个百分点，年均提高 1.5 个百分点；第一、第二产业比重继续回落，2010 年比 1999 年分别下降 2.7 和 5.5 个百分点，年均分别下降 0.2 和 0.5 个百分点，2015 年比 2010 年分别下降 0.4 和 4.8 个百分点，年均分别下降 0.1 和 1.0 个百分点，2019 年比 2015 年分别下降 0.1 和 6.0 个百分点，年均分别下降 0.03 和 1.5 个百分点（见图 2-3）。

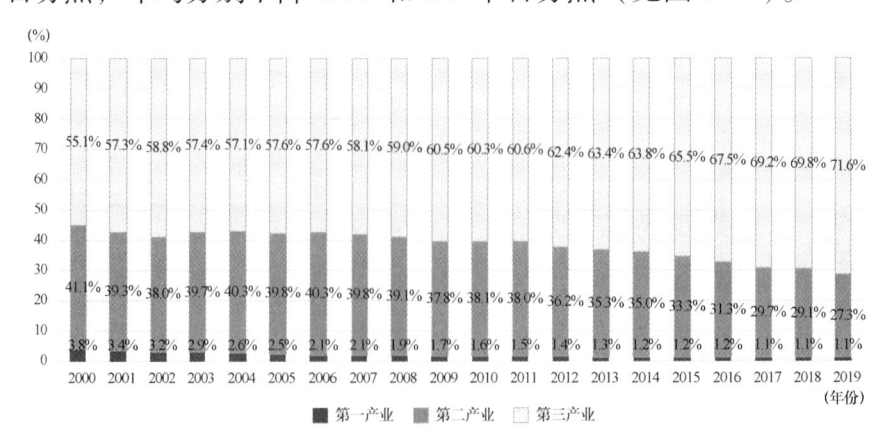

图 2-3 2000 年以来广州各产业增加值比重变动情况

3. 与全国和全省比较分析

从规模看,广州 GDP 规模从 2010 年占全国的 2.6% 下降到 2019 年的 2.4%,下降了 0.2 个百分点;与全省相比,从 2010 年占全省的 23.1% 下降到 2019 年的 21.9%,下降了 1.2 个百分点。广州 GDP 增速总体快于全国和全省,2010—2019 年平均增速分别快于全国、全省 1.32 和 0.71 个百分点,但广州 2015—2019 年年均增速比 2010—2014 年年均增速回落幅度大于全国(1.92 个百分点)、全省(2.16 个百分点)(见图 2-4)。

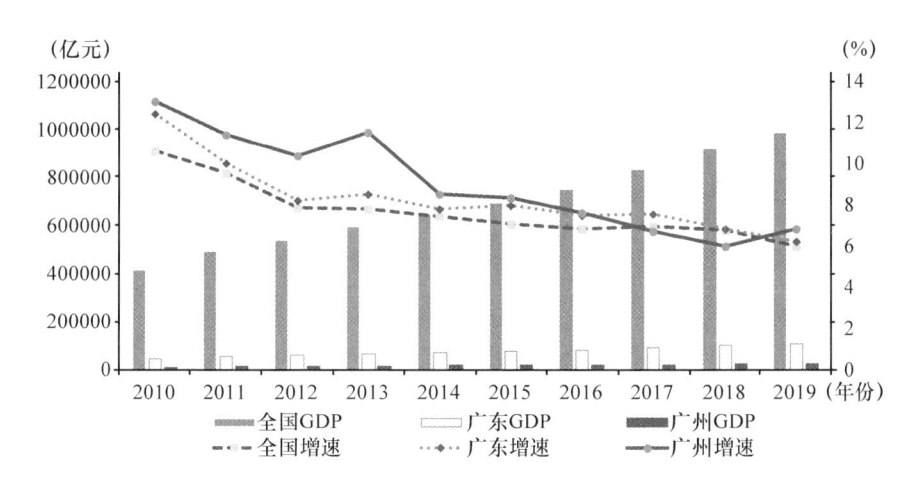

图 2-4 2010—2019 年全国全省和广州 GDP 变动情况

从三次产业发展看,第二和第三产业增加值占全国的比重从 2010 年 2.1%、3.5% 下降到 2019 年的 1.7%、3.2%,占比均下降了 0.4 个百分点。第一、第二和第三产业增加值占广东省的比重从 2010 年的 7.4%、17.6%、31.0% 下降到 2019 年全省的 5.8%、14.8%、28.3%,占比分别下降了 1.6、2.8、2.7 个百分点(见图 2-5、图 2-6、图 2-7)。

4. 与主要城市比较分析

2010 年以来,与上海相比,广州经济规模从 2010 年相当于上海的 62% 微降到 2019 年的 61.9%,广州与上海的差距保持基本稳定;与北京相比,广州经济规模从 2010 年相当于北京的

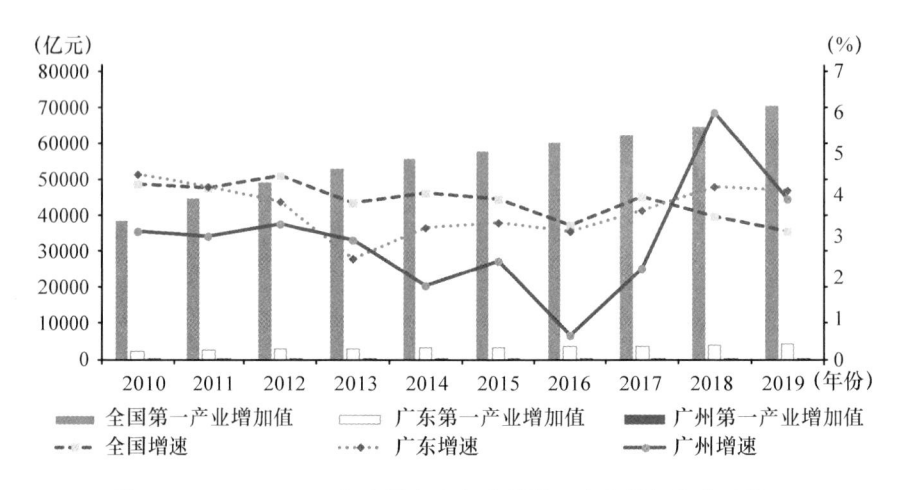

图 2-5 2010—2019 年全国全省和广州第一产业增加值变动情况

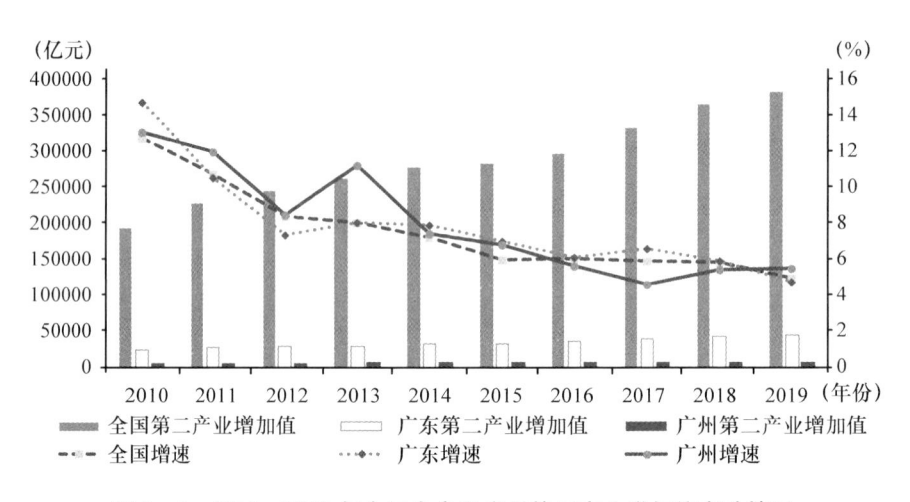

图 2-6 2010—2019 年全国全省和广州第二产业增加值变动情况

75.4%下降到2019年的66.8%，广州与北京的差距呈现扩大的趋势。广州经济增速总体快于上海、北京，2010—2019年广州GDP年均增长9.0%，分别快于上海、北京1.58和1.57个百分点，但广州2015—2019年平均增速（7.08%）比2010—2014年平均增速（10.95%）回落了3.87个百分点，回落幅度大于上海（1.43个百分点）、北京（1.57个百分点）（见图2-8）。

从三次产业看，与上海相比，广州第二和第三产业增加值

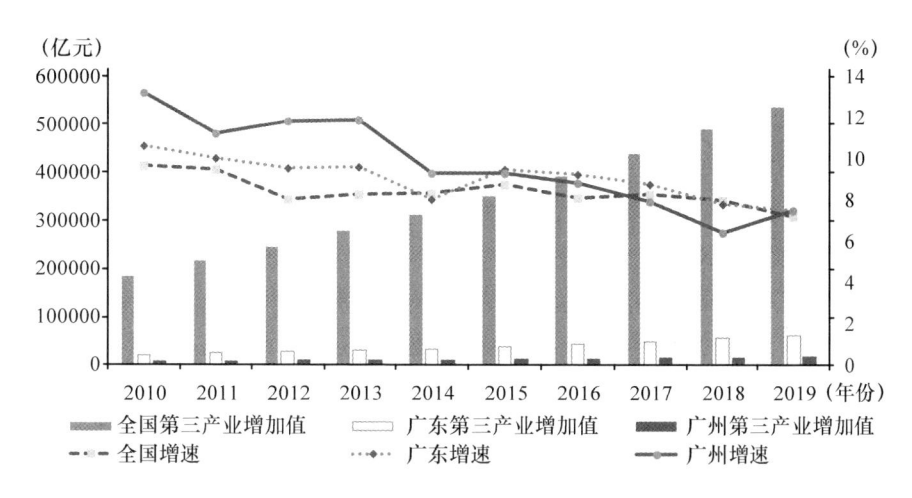

图 2-7 2010—2019 年全国全省和广州第三产业增加值变动情况

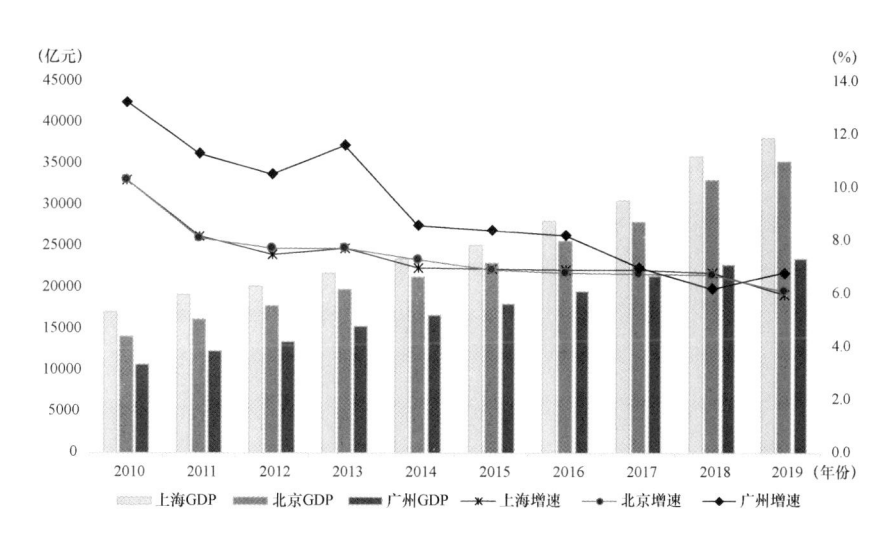

图 2-8 2010—2019 年上海北京广州 GDP 变动情况

从 2010 年相当于上海的 56.2% 和 65.2%，演变到 2019 年相当于上海的 62.7% 和 61.0%，第三产业比例下降 4.3 个百分点，说明广州与上海服务业发展差距正在扩大，第二产业比例上升了 6.5 个百分点，说明广州与上海在工业和建筑业发展上的差距有所缩小。与北京相比，广州的差距主要体现在第三产业，广州第三产业增加值从 2010 年相当于北京的 60.5% 下降到 2019 年的 57.3%，下降了 3.3 个百分点，说明广州与北京服务业发展差距正在扩大。广州第一产业增加值高于上海和北京，增速也高于上海和北京（见图 2-9、图 2-10、图 2-11）。

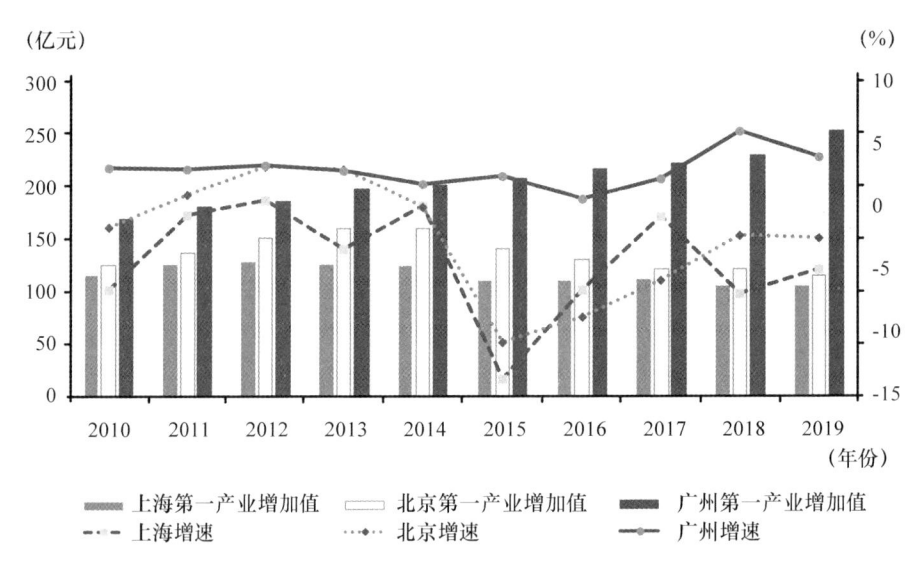

图 2-9　2010—2019 年上海北京广州第一产业增加值变动情况

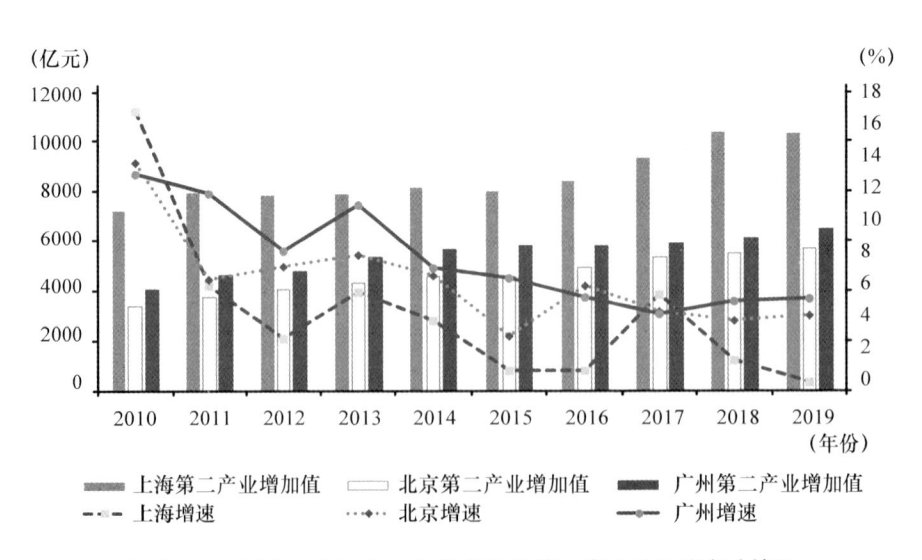

图 2-10　2010—2019 年上海北京广州第二产业增加值变动情况

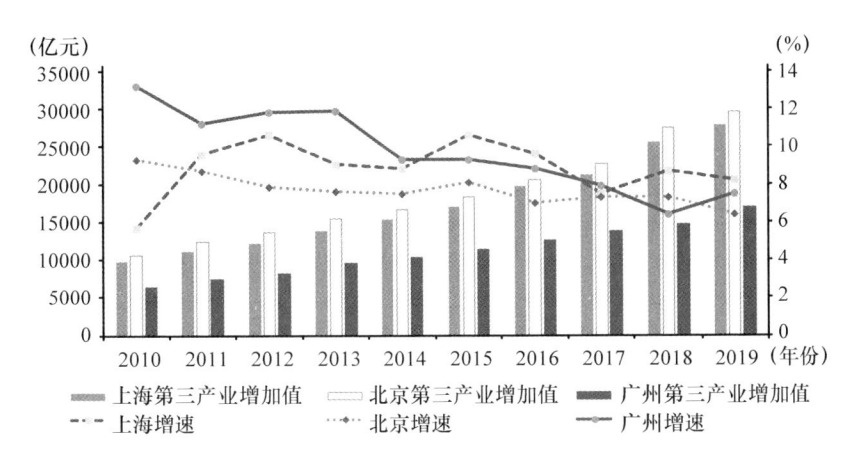

图 2-11 2010—2019 年上海北京广州第三产业增加值变动情况

（二）劳动力变动特征分析

1. 总规模变动特征分析

改革开放以来，广州从业人员数量的增长出现五次较大的起伏（见图 2-12 和表 2-2）。

（1）1978—1987 年：改革开放头 2 年，广州从业人员数量变动不大，在改革开放的政策带动下，1980—1987 年广州从业人员数总体呈现稳步增长的态势，年均增长率达到 2.65%。

（2）1988—1995 年：1988 年，广州从业人员数增速回落至 1.5%，1989 年出现负增长，1990—1995 年从业人员数逐步恢复较快增长，年均增速达到 3.4%，其中 1991—1993 年各年增速均超过 4%。

（3）1996—2000 年：亚洲金融危机前的 1996 年，广州从业人员数增速回落至 1.1%，随后的 1997—2000 年再度恢复较快增长，年均增速达到 4.75%。

（4）2001—2010 年：在中国加入 WTO 的头 2 年，2001—2002 年广州从业人员数增速再度回落至 1.3% 和 0.8%，国有企业改革职工下岗是影响因素之一。伴随城市经济社会发展和一批大型基础设施建设的推进，2003 年起广州从业人员数加速增长，2003—2010 年年均增速达到 4.3%，其中，国际金融危机前的2007年曾达到9.04%的峰值，2009年虽然受国际金融危机影响增速回落，但仍达到4.0%。

（5）2011—2019年：亚运会结束后的2011年，广州从业人员数增速出现峰值7.5%，之后的2012—2013年增长有所放缓，但也接近4%，2014—2018年的年均增速恢复到5%—6%的水平。在我国经济发展进入新常态后，广州经济步入平稳发展期，2011—2019年广州从业人员数量年均增速在5.2%以上（见图2-12、表2-2）。

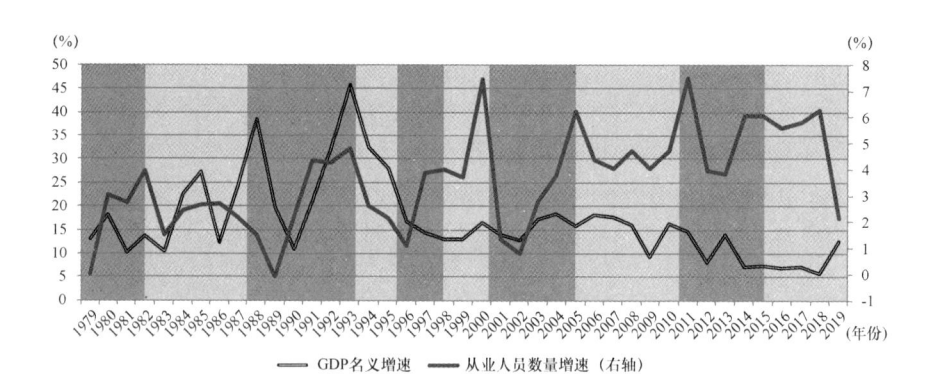

图2-12 改革开放以来广州劳动投入增速和GDP名义增速

表2-2　　　　　　改革开放以来广州全社会从业人员数　　　　单位：万人

年份	从业人员数	年份	从业人员数
1978	266.9	1999	461.8
1979	266.9	2000	496.3
1980	275.0	2001	502.9
1981	282.6	2002	507.0
1982	293.8	2003	521.1
1983	298.2	2004	540.7
1984	305.4	2005	574.5
1985	313.5	2006	599.5

续表

年份	从业人员数	年份	从业人员数
1986	321.9	2007	623.6
1987	329.0	2008	652.9
1988	334.0	2009	679.1
1989	333.7	2010	711.1
1990	341.2	2011	764.5
1991	355.9	2012	794.6
1992	371.1	2013	825.1
1993	389.0	2014	875.0
1994	399.1	2015	927.9
1995	407.8	2016	980.0
1996	412.2	2017	1037.2
1997	428.2	2018	1102.4
1998	445.4	2019	1125.9

2. 行业结构变动特征分析

2000年以来，广州从业人员行业结构变动主要特点是：第三产业从业人员数占全市总量的比重逐步提高，2010年比1999年提高12.2个百分点，年均提高1.1个百分点，2015年比2010年提高7.0个百分点，年均提高1.4个百分点，2019年比2015年提高10.6个百分点，年均提高2.7个百分点；第一产业比重持续回落，2010年比1999年下降12.2个百分点，年均下降1.1个百分点，2015年比2010年下降1.5个百分点，年均下降0.3个百分点，2019年比2015年下降1.3个百分点，年均下降0.3个百分点；第二产业比重总体呈加速回落态势，2010年与1999年基本持平，2015年比2010年下降5.4个百分点，年均下降

1.1个百分点,2019年比2015年下降9.4个百分点,年均下降2.3个百分点(见图2-13)。

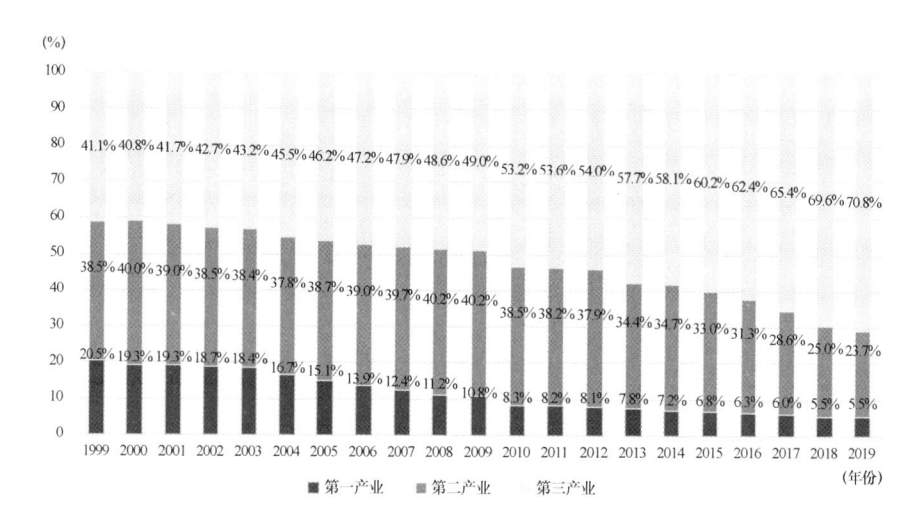

图2-13 1999年以来广州各产业从业人员比重变动情况

3. 劳动力需求弹性变动特征分析

广州三次产业劳动需求弹性走势差异大。2000—2010年,每增加1亿元增加值对应增加从业人员302人,2011—2015年,每增加1亿元增加值对应增加从业人员323人,2016—2019年,每增加1亿元增加值对应增加从业人员315人。分产业看,第一产业的增加值仍在增加,但从业人员数却在减少;第二产业2000—2010年每增加1亿元增加值对应增加从业人员316人,2011—2015年每增加1亿元增加值对应增加从业人员191人,2016—2019年增加值仍在增加,但从业人员数却在减少;第三产业2000—2010年每增加1亿元增加值对应增加从业人员362人,2011—2015年,每增加1亿元增加值对应增加从业人员364人,2016—2019年,每增加1亿元增加值对应增加从业人员429人(见表2-3)。

表 2 – 3　　　2000 年以来广州各产业对从业人员需求弹性

	第一产业	第二产业	第三产业	合计
从业人员增量（万人）				
2000—2010 年	-34.0	98.6	191.6	256.2
2011—2015 年	3.9	33.0	180.0	216.8
2016—2019 年	-0.7	-40.1	238.7	198.0
增加值增量（亿元）				
2000—2010 年	75.8	3115.7	5300.0	8491.4
2011—2015 年	37.9	1723.9	4944.9	6706.7
2016—2019 年	44.8	676.8	5559.5	6281.2
需求弹性系数（人/亿元）				
2000—2010 年		316	362	302
2011—2015 年		191	364	323
2016—2019 年			429	315

4. 劳动生产率变动特征分析

2000 年以来，广州劳动生产率变动主要特点是：劳动生产率持续增长，2000—2010 年年均名义增长 11.0%，2011—2015 年年均名义增长 4.6%，2016—2019 年年均名义增长 2.9%（见图 2 – 14）。

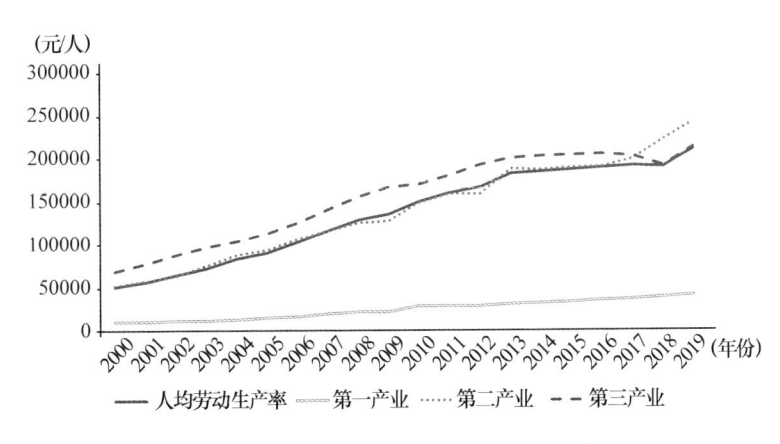

图 2 – 14　2000 年以来广州劳动生产率情况

分产业看，三次产业劳动生产率差距较大，2019 年的比例为 8.2∶48.9∶42.9，2015 年的比例为 7.7∶44.4∶47.9，1999 年为 8.1∶43.4∶48.5。

三次产业劳动生产率增速差距情况。2000—2010 年依次为 10.0%、9.7%、9.9%，差距不大；2011—2015 年三次产业劳动生产率增速依次为 2.8%、4.9%、3.7%，差距有所拉大；2016—2019 年三次产业劳动生产率增速依次为 5.3%、6.5%、1.1%，第三产业增速明显低于第一、第二产业。

5. 劳动力从业单位类型分布特征分析

国有单位、集体单位、外商及港澳台投资单位从业人员数占比持续下降；其他单位从业人员、私营个体和其他从业人员数占比持续上升（见表 2-4）。

表 2-4　　2007 年以来广州从业人员从业单位类型分布　　单位：%

从业单位＼年份	2007	2010	2015	2019
国有单位从业人员	20.3	18.0	9.1	7.1
集体单位从业人员	3.1	2.2	1.0	0.6
外商及港澳台投资单位从业人员	19.2	17.9	12.6	9.3
其他单位从业人员	13.0	13.3	16.8	18.5
私营、个体和其他从业人员	44.5	48.6	60.5	64.5

我们采用从业人员数量指标代表劳动要素投入，表 2-5 中包括 2000—2019 年全市及三次产业的从业人员数量，最后一列是后面的模型中将要用到的指标"劳动投入指数 L"，L 的定义如下：L = 当年的全市从业人员数量/1994 年的全市从业人员数量。

表2-5 广州三次产业从业人员数 单位：万人

年份	从业人数	第一产业	第二产业	第三产业	劳动投入指数 L
2000	496.258	95.6596	198.29	202.308	1.295
2001	502.934	96.9793	196.031	209.924	1.313
2002	507.022	94.9624	195.309	216.75	1.323
2003	521.071	95.8819	200.168	225.021	1.360
2004	540.709	90.1318	204.655	245.922	1.411
2005	574.455	86.9141	222.218	265.323	1.499
2006	599.497	83.1303	233.531	282.836	1.565
2007	623.631	77.4596	247.723	298.448	1.628
2008	652.904	73.0174	262.565	317.323	1.704
2009	679.149	73.3557	273.328	332.466	1.772
2010	711.07	59.0223	273.642	378.405	1.856
2011	764.483	62.9012	291.659	409.923	1.995
2012	794.577	64.603	300.819	429.155	2.074
2013	825.107	64.6758	283.965	476.466	2.153
2014	874.963	62.7996	303.381	508.783	2.283
2015	927.91	62.9254	306.62	558.364	2.422
2016	980.036	62.1426	306.65	611.243	2.558
2017	1037.17	62.0657	296.679	678.424	2.707
2018	1102.36	60.3377	275.183	766.839	2.877
2019	1125.89	62.2398	266.551	797.104	2.938

6. 全国全省和广州从业人员比较分析

从规模看，广州从业人员数占全国的比重从2010年的0.9%提高到2019年的1.5%，提高了0.6个百分点。广州从业人员数占全省的比重从2010年的12.1%提高到2019年的15.7%，提高了3.6个百分点。从增速看，广州从业人员数增长快于全国全省，2010—2019年平均增速分别快于全国、全省

4.97 和 2.81 个百分（见图 2-15）。

从三次产业从业人员数看，广州第二产业从业人员数占全省的比重从 2010 年的 11.0% 下降至 2019 年的 10.8%。但 2019 年相比 2010 年广州第一产业从业人员数占全国和全省比重分别上升了 0.1 和 0.7 个百分点，第三产业从业人员数比重上升了 0.7 和 4.2 个百分点（见图 2-16、图 2-17、图 2-18）。

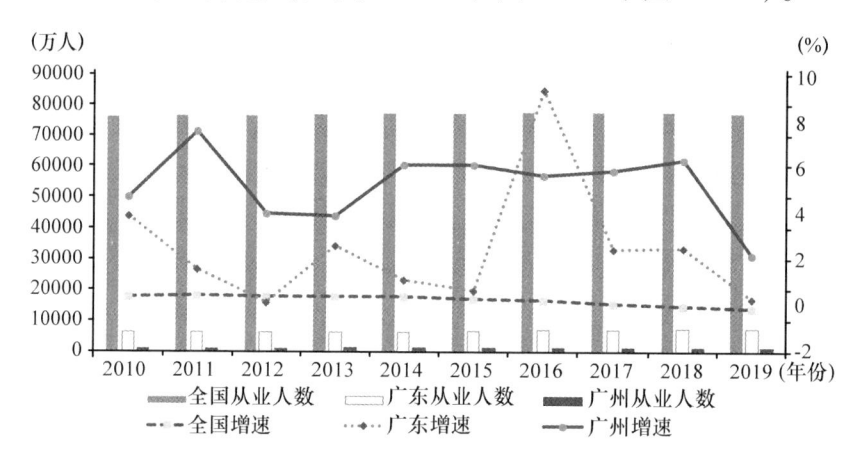

图 2-15 2010—2019 年全国全省和广州从业人员数变动情况

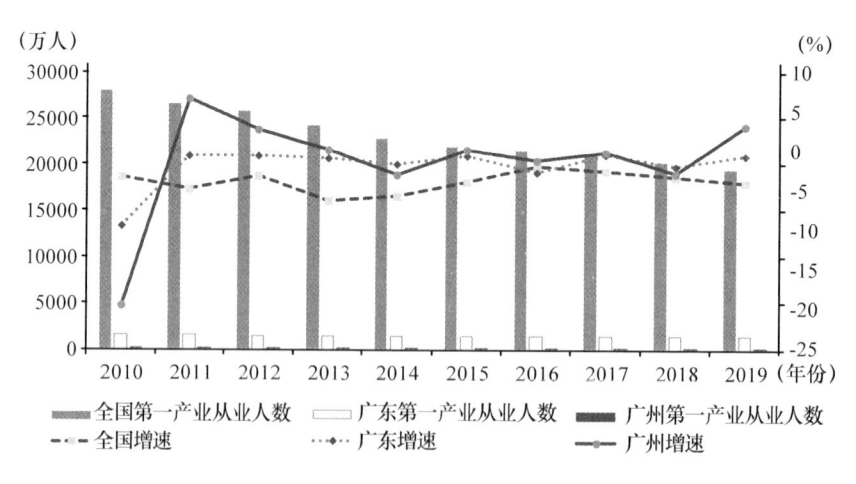

图 2-16 2010—2019 年全国全省和广州第一产业从业人员变动情况

7. 上海北京和广州从业人员比较分析

2010—2019 年以来，与上海相比，广州从业人员数从 2010

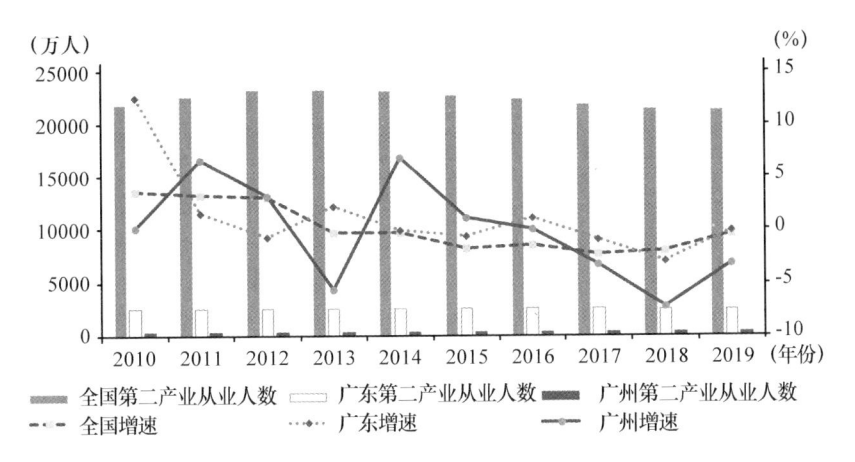

图 2-17　2010—2019 年全国全省和广州第二产业从业人员变动情况

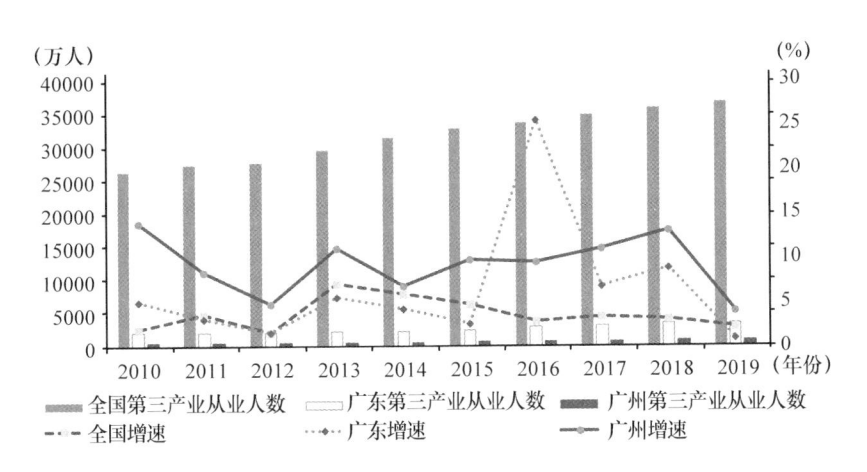

图 2-18　2010—2019 年全国全省和广州第三产业从业人员变动情况

年相当于上海的 65.2% 上升到 2019 年的 81.8%，提高了 16.6 个百分点；与北京相比，从 2010 年相当于北京的 68.9% 提高到 2019 年的 88.4%，提高了 19.5 个百分点。广州从业人员数增长总体快于上海北京，2010—2019 年平均增长 5.18%，快于上海、北京 2.58 和 2.72 个百分点，而且广州后五年（2015—2019 年）年均增速（5.17%）比前五年（2010—2014 年）年均增速（5.20%）减慢了 0.03 个百分点，回落幅度小于上海（4.96 个百分点）、北京（1.05 个百分点）（见图 2-19）。

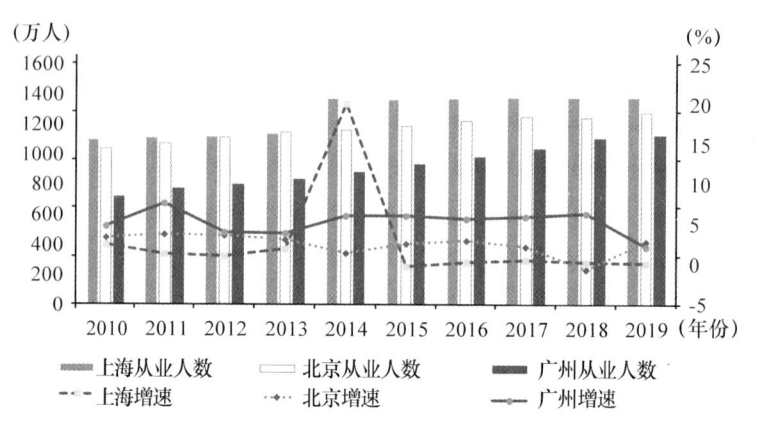

图 2-19 2010—2019 年上海北京和广州从业人员变动情况

从三次产业看，广州从业人员数与上海的差距体现在第二、第三产业，从 2010 年相当于上海的 61.7% 和 62.0%，发展到 2019 年相当于上海的 79.4% 和 79.7%，均提高了 17.7 个百分点。与北京相比，广州的差距在第三产业，但已大幅缩小，从业人员数从 2010 年相当于北京的 49.3% 提高到 2019 年的 75.3%，提高了 26.0 个百分点。而广州第二产业从业人员数高于北京，从 2010 年相当于北京的 135.0% 提高到 2019 年的 154.5%，提高了 19.5 个百分点。广州第一产业从业人员数高于上海和北京（见图 2-20、图 2-21、图 2-22）。

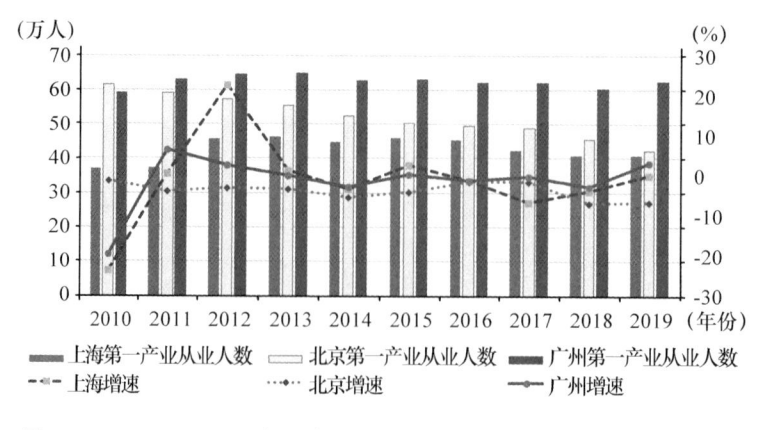

图 2-20 2010—2019 年上海北京和广州第一产业从业人员变动情况

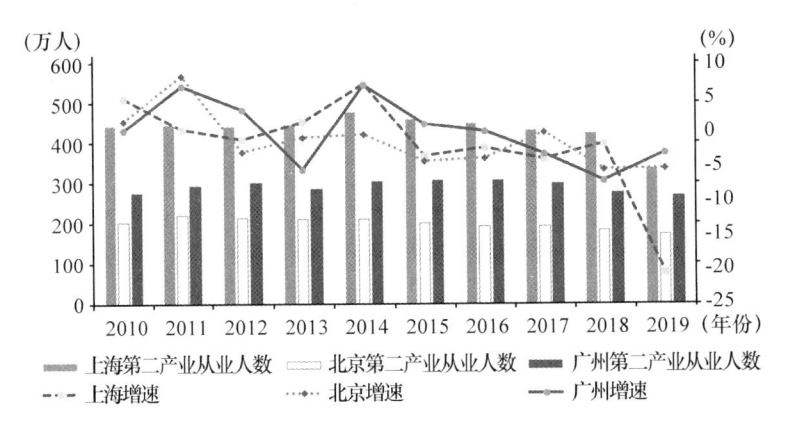

第二章 新常态下广州经济增长动力——基于要素结构的分析 47

图 2-21 2010—2019 年上海北京和广州第二产业从业人员变动情况

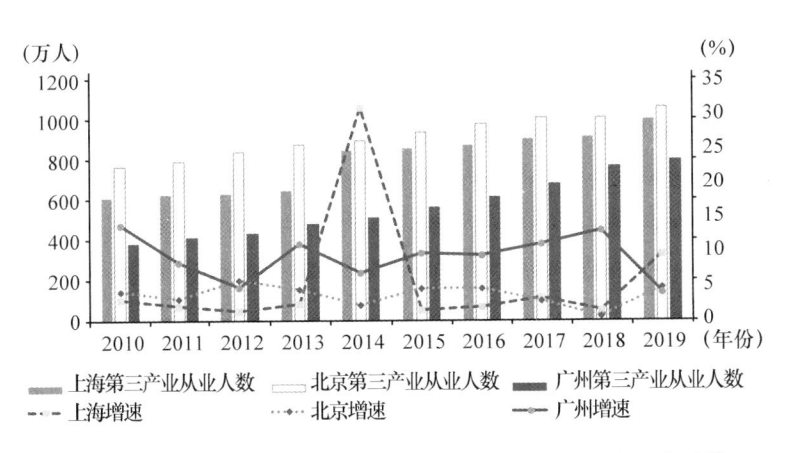

图 2-22 2010—2019 年上海北京和广州第三产业从业人员变动情况

(三) 资本要素变动特征分析

资本要素参与生产过程主要通过固定资产投资的形式来体现。在本书的第四章中分析了固定资产投资在产业维度和经济类型维度的结构特征，主要结论包括：一是从三次产业看，第三产业投资增速最快，并已占绝对份额；二是从具体行业看，房地产业、制造业以及交通运输仓储和邮政业的投资占全市固定资产投资的比重较大；三是经济类型看，民间投资是带动广州投资增长的重要动力等。

受统计制度调整影响，2017 年以后大部分固定资产投资数据仅公布增速,没有公布绝对值,为补齐 2017 年以后年份的固定资产投资绝对值数据,本节以 2017 年的固定资产投资绝对值为基数,根据后续年份相关指标的增速进行计算,补回缺失年份的固定资产投资绝对值。

1. 固定资产投资总额变动分析

2010—2019 年,广州的固定资产投资持续增长但增速波动较大,十年年均增长 12.27%,后五年年均增速 9.74%,比前五年(15.06%)减慢 5.32 个百分点(见图 2-23)。

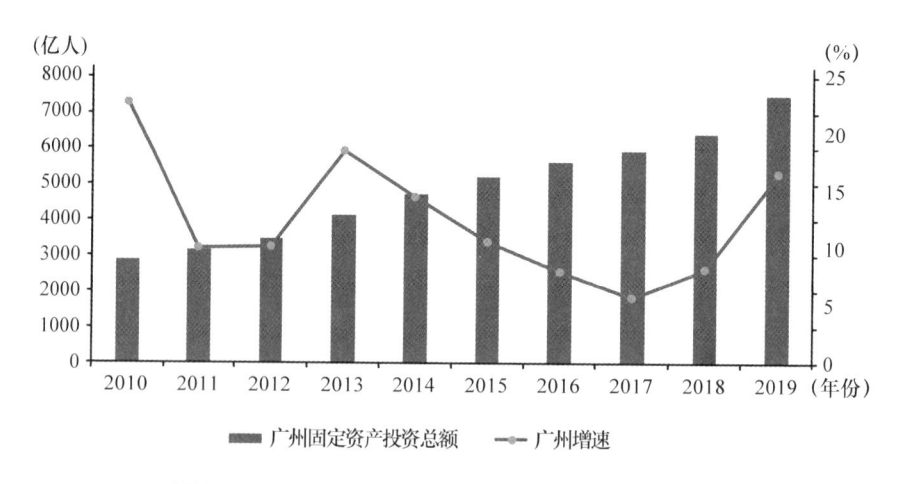

图 2-23 2010—2019 年广州固定资产投资变动情况

2010—2019 年,广州固定资产投资额占全国的比重从 2010 年的 1.2% 下降至 2019 年的 1.0%,占全省的比重从 2010 年的 20.1% 下降至 2019 年的 15.8%,分别回落了 0.1 和 4.2 个百分点。广州固定资产投资增速慢于全国和全省,2010—2019 年平均增速分别低于全国、全省 1.22 和 2.56 个百分点,但广州后五年(2015—2019 年)年均增速比前五年(2010—2014 年)的回落幅度小于全国(13.33 个百分点)和全省(5.51 个百分点)(见图 2-24)。

广州与上海和北京投资规模差距大幅缩小,固定资产投资额从 2010 年相当于上海的 56.5% 提高到 2019 年的 93.1%,从

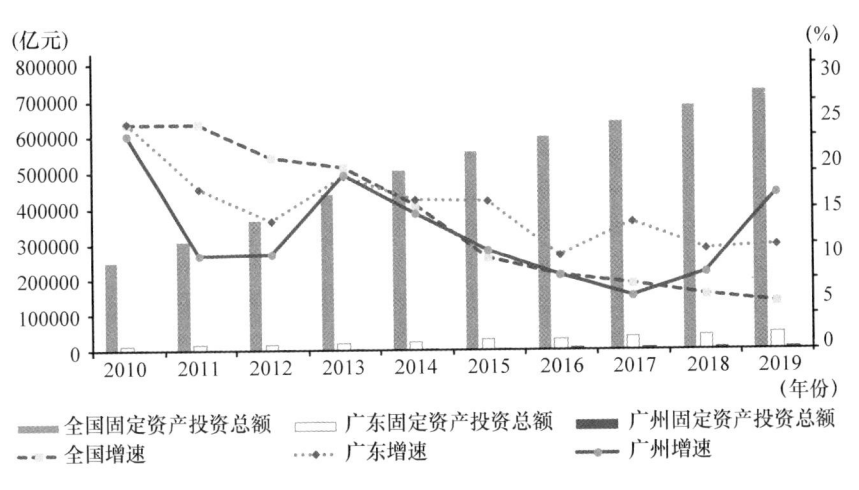

第二章 新常态下广州经济增长动力——基于要素结构的分析 49

图 2-24 2010—2019 年全国全省和广州固定资产投资变动情况

2010 年相当于北京的 58.4% 提高到 2019 年的 101.4%，提高了 36.7 个百分点。广州固定资产投资增长快于上海北京，2010—2019 年平均增速快于上海、北京 7.56 和 6.89 个百分点，广州后五年（2015—2019 年）年均增速比前五年（2010—2014 年）年均增速减慢幅度小于北京（9.58 个百分点），上海则加快了 2.18 个百分点（见图 2-25）。

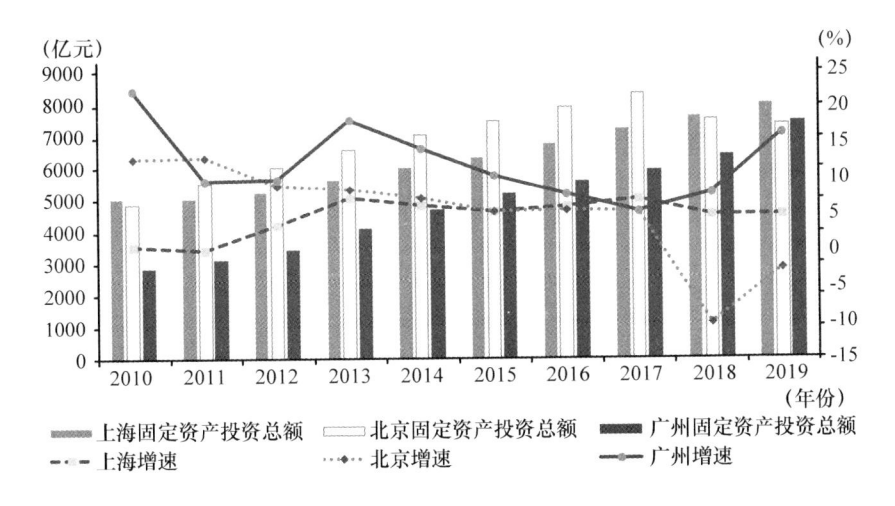

图 2-25 2010—2019 年上海北京和广州固定资产投资变动情况

2. 各产业固定资产投资变动分析

（1）第一产业固定资产投资变动分析

2010—2019年，广州第一产业固定资产投资总体规模小、波动幅度大（见图2-26）。

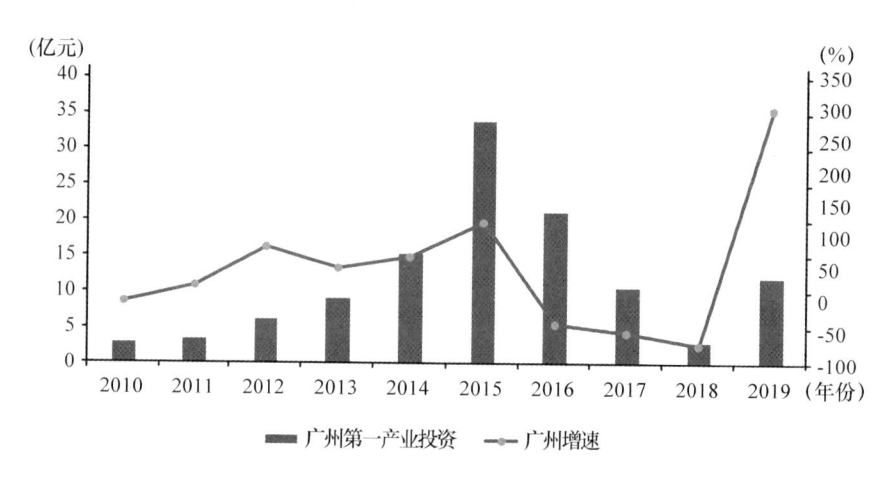

图2-26 2010—2019年广州第一产业固定资产投资变动情况

2010—2019年，与全国和全省相比，广州第一产业固定资产投资变动特点与全省类似，都是规模不大但波动幅度大，全国则明显不同，总体呈现稳步增长态势且增速基本稳定（见图2-27）。

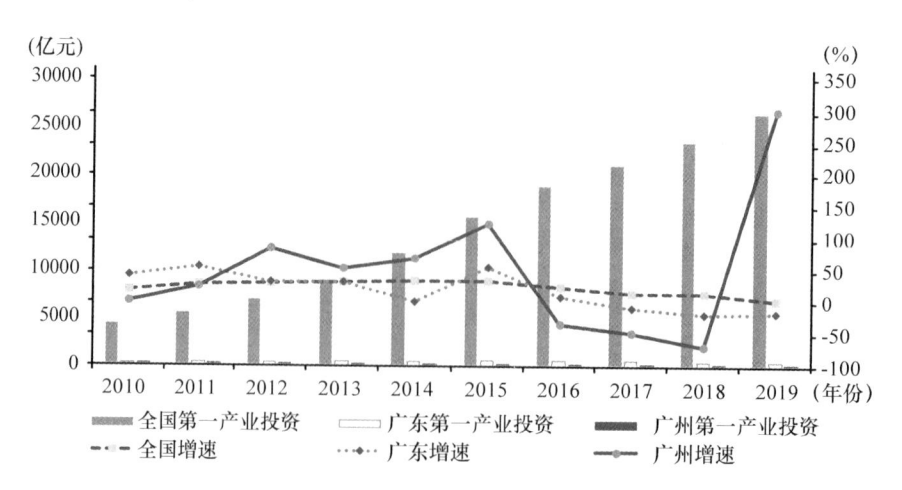

图2-27 2010—2019年全国全省和广州第一产业固定资产投资变动情况

2010—2019年，与北京和上海相比，广州第一产业固定资产投资变动特征类似，但规模上广州小于北京，2014年来规模基本大于上海（见图2-28）。

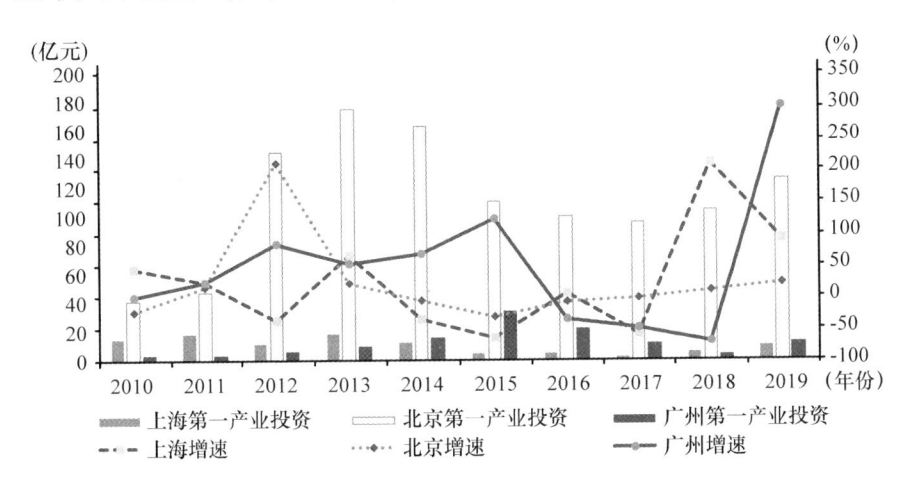

图2-28 2010—2019年上海北京和广州第一产业固定资产投资变动情况

（2）第二产业固定资产投资变动分析

2010—2019年，广州第二产业固定资产投资增长呈现阶段性波动特征，十年年均增长9.25%，后五年（2015—2019年）年均增速11.57%，比前五年（2010—2014年）加快4.4个百分点（见图2-29）。

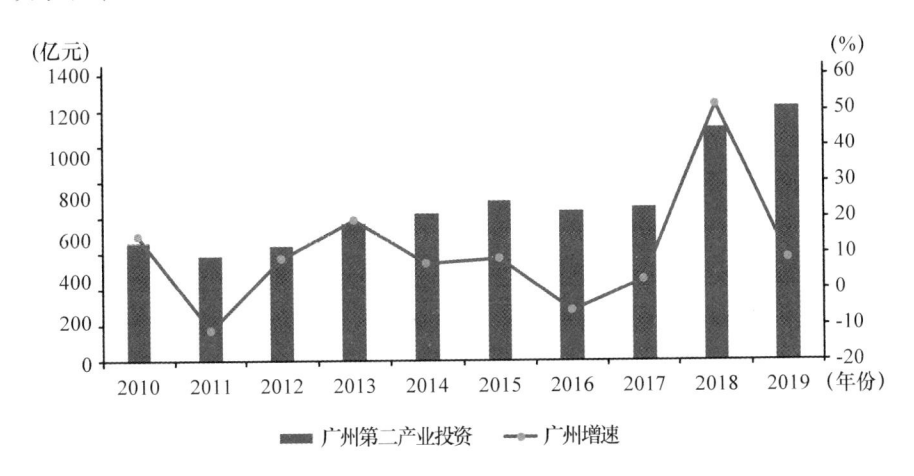

图2-29 2010—2019年广州第二产业固定资产投资变动情况

从规模看，广州第二产业固定资产投资占全国的比重从2010年的0.6%下降到2019年的0.5%，占全省的比重从2010年的12.8%下降到2019年的9.3%，分别回落了0.1和3.5个百分点。从增速看，广州第二产业固定资产投资增速总体慢于全国和全省，2010—2019年平均增速低于全国、全省2.76和3.56个百分点，但广州后五年（2015—2019年）年均增速则快于全国和全省6.77和2.56个百分点（见图2-30）。

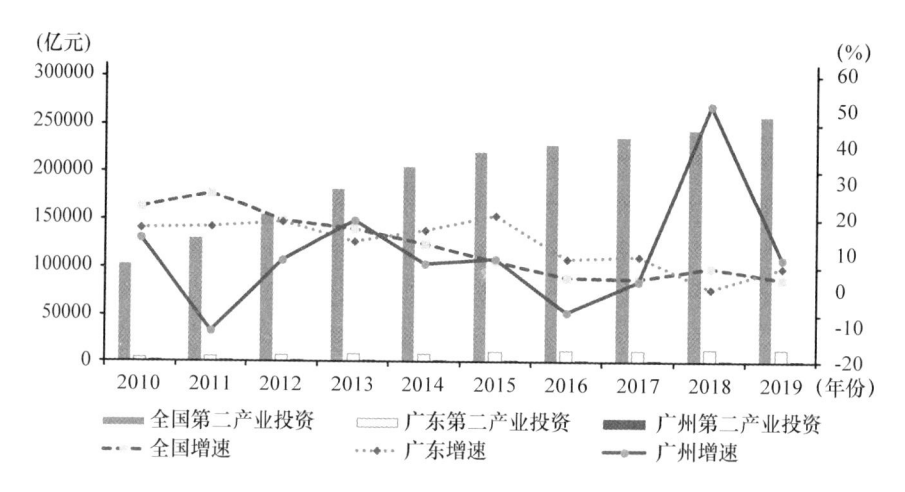

图2-30 2010—2019年全国全省和广州第二产业固定资产投资变动情况

从规模看，广州第二产业固定资产投资规模与上海和北京的差距大幅缩小，从2010年相当于上海的45.3%上升到2019年的91.7%，提高了46.4个百分点；从2010年相当于北京的112.3%提高到2019年的268.2%，提高了155.9个百分点。广州第二产业固定资产投资增长总体快于上海和北京，2010—2019年平均增速分别高于上海和北京8.78和7.98个百分点（见图2-31）。

（3）第三产业固定资产投资变动分析

2010年以来，广州的第三产业固定资产投资持续增长，但增速波动较大，2010—2019年年均增长13.10%，后五年（2015—2019年）年均增速9.54%，比前五年（2010—2014

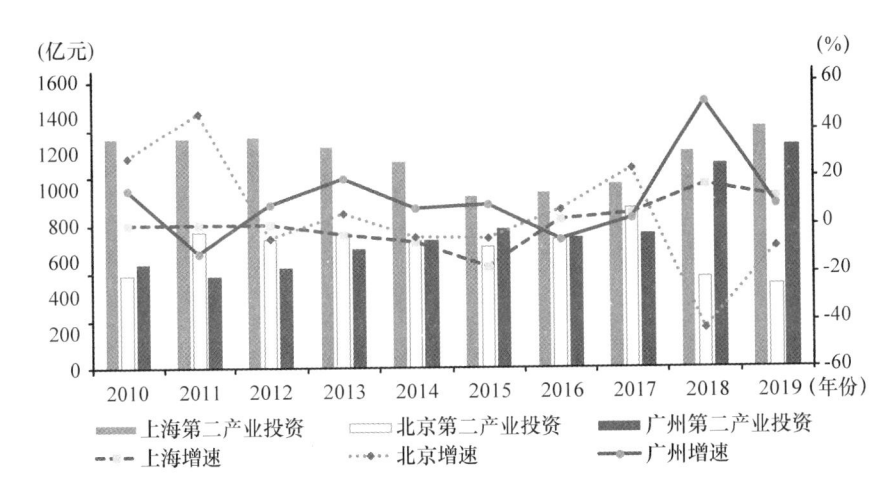

图 2-31 2010—2019 年上海北京和广州第二产业固定资产投资变动情况

年)(16.77%)减慢 7.23 个百分点(见图 2-32)。

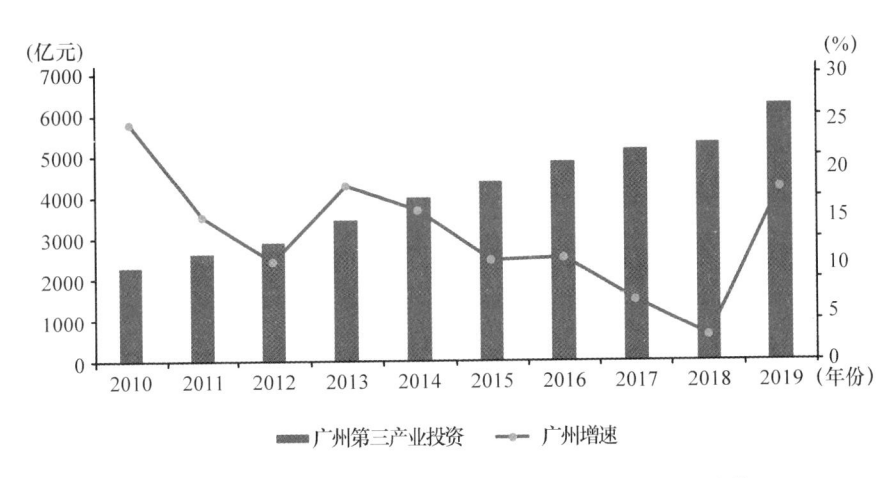

图 2-32 2010—2019 年广州第三产业固定资产投资变动情况

从规模看,广州第三产业固定资产投资占全国的比重从 2010 年的 1.7% 下降到 2019 年的 1.4%,占全省的比重从 2010 年的 24.5% 下降到 2019 年的 18.7%,分别回落 0.3 和 5.8 个百分点。从增速看,2010—2019 年广州固定资产投资年均增速分别低于全国、全省 1.58 和 2.48 个百分点(见图 2-33)。

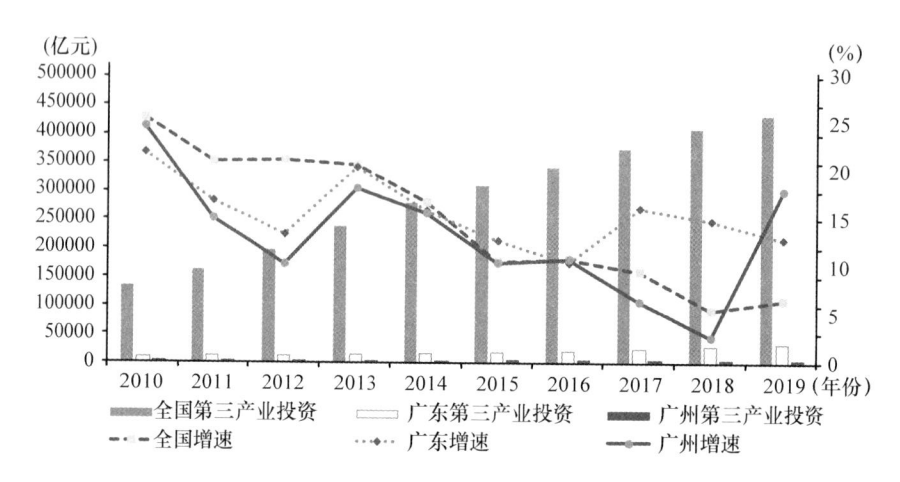

图 2-33 2010—2019 年全国全省和广州第三产业固定资产投资变动情况

从规模看，广州第三产业固定资产投资规模与上海和北京的差距大幅缩小，从 2010 年相当于上海的 60.7% 提高到 2019 年的 93.8%，从 2010 年相当于北京的 48.9% 提高到 2019 年的 85.7%。从增速看，2010—2019 年广州第三产业固定资产投资年均增速快于上海、北京 7.11 和 7.32 个百分点（见图 2-34）。

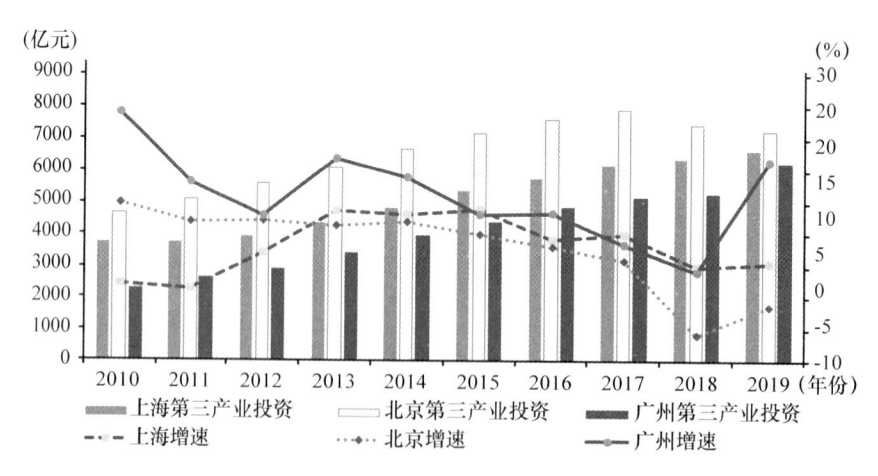

图 2-34 2010—2019 年上海北京和广州第三产业固定资产投资变动情况

3. 固定资产投资资金来源分析

从全市固定资产投资的资金来源看，自筹资金占比最大，国家预算资金增长最快。2010—2019年全市到位资金合计6.3万亿元，其中，占比较大的是自筹资金（40.8%）、其他资金（19.8%）和国内贷款（17.1%），增长最快的是国家预算资金（73.8倍）、其他资金（2.0倍）和国内贷款（1.3倍）。建设改造投资的资金来源结构有其自身特点，2010—2019年累计到位资金3.0万亿元，其中，自筹资金（59.2%）占比最大，国家预算资金比重上升最快（10.5个百分点），受调控政策影响国内贷款比重下降了4.7个百分点（见表2-6）。

表2-6　2010—2019年固定资产投资主要资金来源变动情况　单位：亿元

年份	自筹资金	国内贷款	国家预算资金	利用外资	其他资金	合计
2010	2040	865	9	90	906	3910
2011	2062	588	7	93	1025	3776
2012	2256	808	162	60	1081	4368
2013	2620	878	201	226	1406	5331
2014	2888	833	317	99	1418	5555
2015	3111	846	397	18	1709	6080
2016	2839	1074	657	37	1987	6594
2017	2722	1415	537	32	2009	6715
2018	2349	1519	696	25	2138	6728
2019	2969	1999	673	18	2696	8354
2010—2019年合计	25857	10824	3657	697	16376	57411
#建设改造投资	17483	5198	3657	535	2120	28993

4. 资本存量的分析

资本存量在经济扩张阶段往往随着企业投资增加而提升，并成为经济增长的主要动力。我们采用永续盘存法，利用全社会固定资产投资数据对广州各年的资本存量进行估算，其中固定资产综合折旧率按照5%设置，起始年份资本存量按当年固定资产投资的6倍设置。计算公式如下：

$$K_t = K_{t-1}(1-\delta) + I_t \qquad (3)$$

其中 I_t 是第 t 年的当年固定资产投资（扣除价格变动），K_t 是第 t 年的资本存量，δ 是固定资产折旧率。

永续盘存法的使用需要4个指标：资本存量的初始值、逐年固定资产投资、资产服务寿命（资产在资本存量中的时间长度，影响固定资产折旧率）、资产价格变化。下面先看广州固定资产投资及其价格情况（见图2-35）。

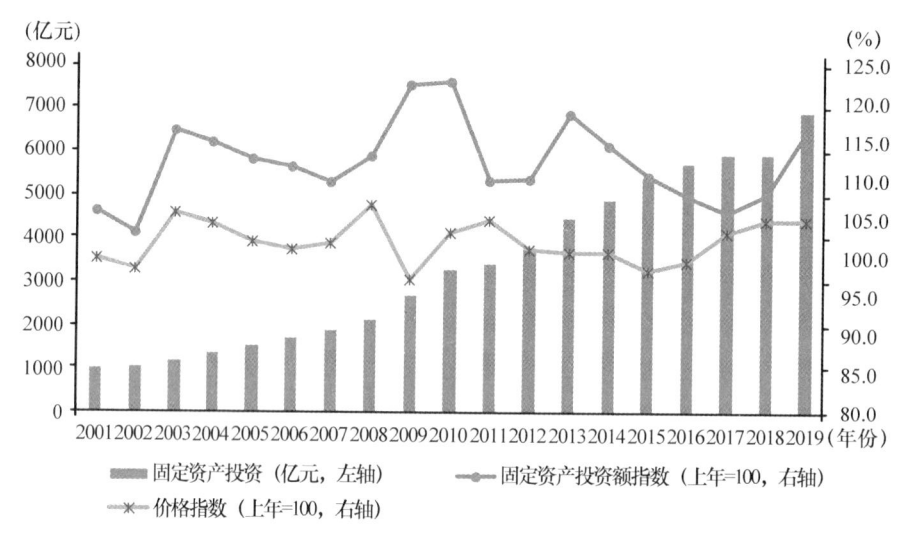

图2-35 广州固定资产投资和增速及价格走势

说明：2003年以前的固定资产投资价格指数由于没有统计，故用建筑产值价格指数代替。

（1）固定资产折旧率的确定

我们参考孙琳琳和任若恩、Maddison[①]的做法，采用10%的

---

① 孙琳琳、任若恩：《中国资本投入和全要素生产率的估算》，《世界经济》2005年第12期。Maddison, A., " Standardized Estimates of Fixed Capital Stock: A Six Country Comparison" in R. Ravenna, Zoboli, eds., Essays on Innovation, Natural Resources and the International Economy, Italy: Studio AGR, 1993, pp. 137–166.

第二章 新常态下广州经济增长动力——基于要素结构的分析

折旧率。假设建筑的平均使用年限为40年,设备的平均使用年限为16年,我国的固定资产残值率一般为3%—5%。建筑资产按40年折旧到3%—5%的残值对应的折旧率大约为8%;设备资产按16年折旧到3%—5%的残值对应的折旧率大约为17%。

在广州的固定资产投资构成中,假设建安工程部分按8%折旧率计算,设备工器具购置部分按17%折旧率计算,其他费用部分投资按(8% + 17%)/2 = 12.5%折旧率计算,每年的固定资产加权折旧率在10%左右(见表2-7)。

表2-7 固定资产加权折旧率的计算 单位:亿元

年份	固定资产投资	建安工程	设备工器具购置	其他费用	建安工程	设备工器具购置	其他费用	加权折旧率
2000	924	535	128	260	57.9%	13.9%	28.1%	10.5%
2001	978	574	179	225	58.7%	18.3%	23.0%	10.7%
2002	1009	605	174	231	59.9%	17.2%	22.9%	10.6%
2003	1175	660	191	325	56.1%	16.3%	27.6%	10.7%
2004	1349	800	233	316	59.3%	17.3%	23.5%	10.6%
2005	1519	909	275	335	59.8%	18.1%	22.1%	10.6%
2006	1696	972	366	358	57.3%	21.6%	21.1%	10.9%
2007	1863	1089	330	444	58.5%	17.7%	23.8%	10.7%
2008	2106	1281	323	502	60.8%	15.3%	23.8%	10.5%
2009	2660	1675	380	605	63.0%	14.3%	22.7%	10.3%
2010	3264	2151	487	626	65.9%	14.9%	19.2%	10.2%
2011	3412	2089	619	704	61.2%	18.2%	20.6%	10.6%
2012	3758	2473	600	685	65.8%	16.0%	18.2%	10.3%
2013	4455	2969	700	786	66.7%	15.7%	17.6%	10.2%
2014	4890	3150	738	1002	64.4%	15.1%	20.5%	10.3%
2015	5406	3497	830	1079	64.7%	15.4%	20.0%	10.3%
2016	5704	3276	930	1498	57.4%	16.3%	26.3%	10.6%
2017	5920	3197	895	1828	54.0%	15.1%	30.9%	10.7%

续表

年份	固定资产投资				占固定资产投资比重			加权折旧率
		建安工程	设备工器具购置	其他费用	建安工程	设备工器具购置	其他费用	
2018	5938	2726	909	2304	45.9%	15.3%	38.8%	11.1%
2019	6920	3202	905	2813	46.3%	13.1%	40.6%	11.0%

因此，在计算资本存量时，我们采用10%折旧率，即在公式（3）中 $\delta = 10\%$。

（2）资本存量初始值的确定

资本存量的初始值不容易准确获得，但随着时间推移，由于经过逐年折旧的影响，资本存量初始值的准确性对资本存量估计的影响将减弱。为此，我们假设1985年的资本存量是1985年的投资的5倍，然后按公式（3）迭代计算得到2000年的资本存量，作为我们的初始资本存量。

（3）资本存量的计算

根据以上得到的折旧率、资本存量的初始值，采用公式（3）计算，可以得到2001—2019年的资本存量（见图2-36），并以此作为广州每年的资本要素投入。

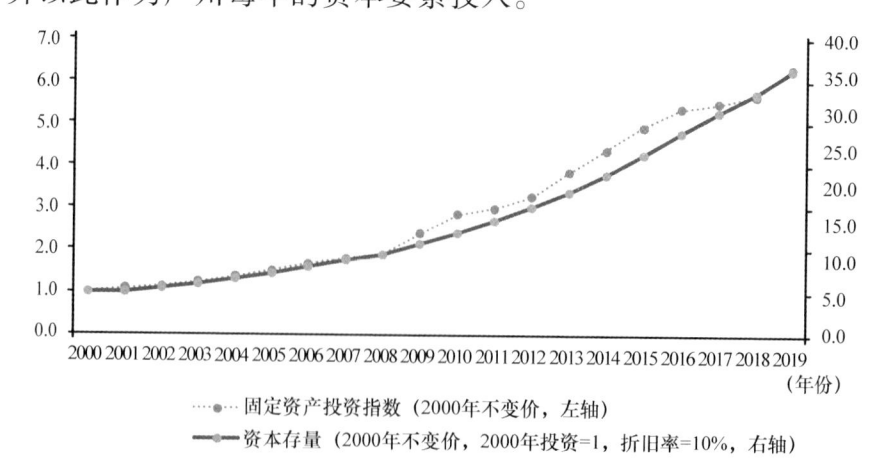

图2-36 广州固定资产投资指数和资本存量走势

2000年以来，随着中国加入WTO、城市经济社会发展和基础设施建设推进，广州经济逐步进入成熟发展阶段，从2002年起，资本存量的增长率基本平稳，维持在12%左右，其间，受亚运工程等因素影响，2009年和2010年增速均超过14%（见表2-8）。

表2-8　　2000—2019年广州固定资产投资和资本存量情况

年份	价格折算系数（2000年价）	固定资产投资指数（2000年不变价）	资本存量（2000年不变价，2000年投资=1，折旧率=10%）
2000	1.00	1.00	5.61
2001	1.01	1.07	5.61
2002	1.03	1.13	6.17
2003	0.97	1.24	6.80
2004	0.93	1.36	7.48
2005	0.91	1.50	8.24
2006	0.91	1.66	9.08
2007	0.89	1.79	9.96
2008	0.83	1.90	10.87
2009	0.86	2.39	12.17
2010	0.83	2.84	13.80
2011	0.79	2.99	15.41
2012	0.79	3.26	17.12
2013	0.78	3.84	19.25
2014	0.78	4.37	21.70
2015	0.79	4.92	24.45
2016	0.80	5.35	27.35
2017	0.77	5.48	30.09
2018	0.74	5.66	32.75
2019	0.70	6.29	35.76

（四）技术要素变动特征分析

1. 技术创新投入

从技术创新投入看，2010年以来广州科学研究与开发机构R&D人员数和科技经费支出总体保持增长，2017年R&D人员数达到18313人，科技经费支出136亿元。工业企业技术创新投入保持增长，2017年规模以上工业企业R&D支出和R&D人员数分别达到254.9亿元和9.8万人，比2010年增长1.14倍和1.07倍，年均分别增长11.5%和11.0%（见图2-37、图2-38）。

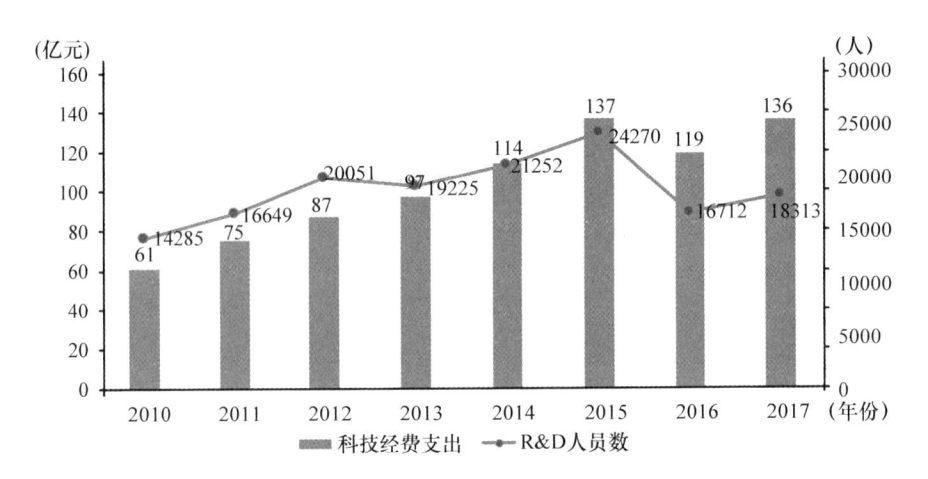

图2-37 2010—2017年科学研究与开发机构R&D人员数和科技经费支出情况

说明：2016年与2015年统计范围不同，两年的数据不具可比性。

2. 技术创新产出

从技术创新的产出看，广州专利申请量和授权量持续较快增长，2017年专利申请量和授权量分别达到11.8万件和6.0万件，比2010年分别增长4.7倍和3.0倍，其中发明专利申请量和授权量3.7万和0.9万件，比2010年分别增长4.7倍和3.7倍。2010—2018年全市规模以上工业高新技术产品产值总体保持增长，2018年达到8750亿元，高新技术产品产值占工业总产

第二章 新常态下广州经济增长动力——基于要素结构的分析 61

图 2-38 2010—2017 年规模以上工业企业 R&D 支出和人员数情况

值比重持续回升，2018 年约达到 48.0%，比 2010 年提高了 9.5 个百分点，高新技术产品出口占工业出口比重保持在 30% 以上（见图 2-39、图 2-40、图 2-41）。

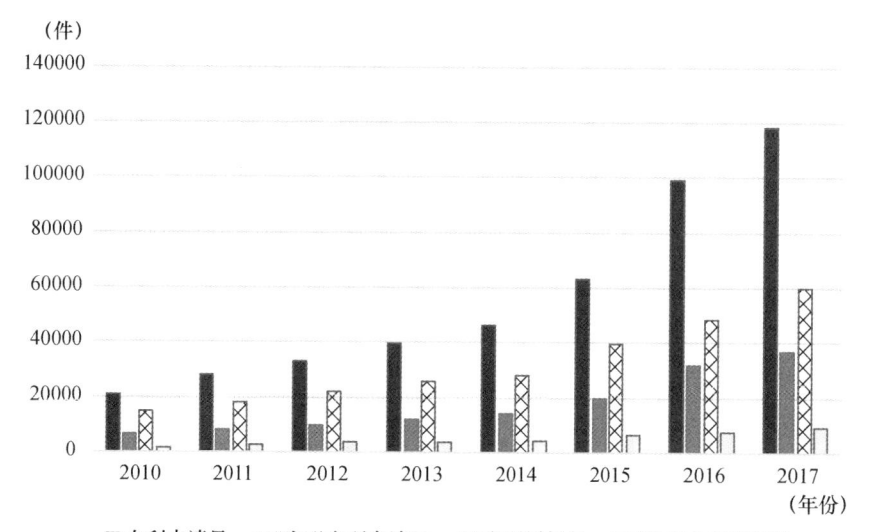

图 2-39 2010—2017 年专利申请量和授权量

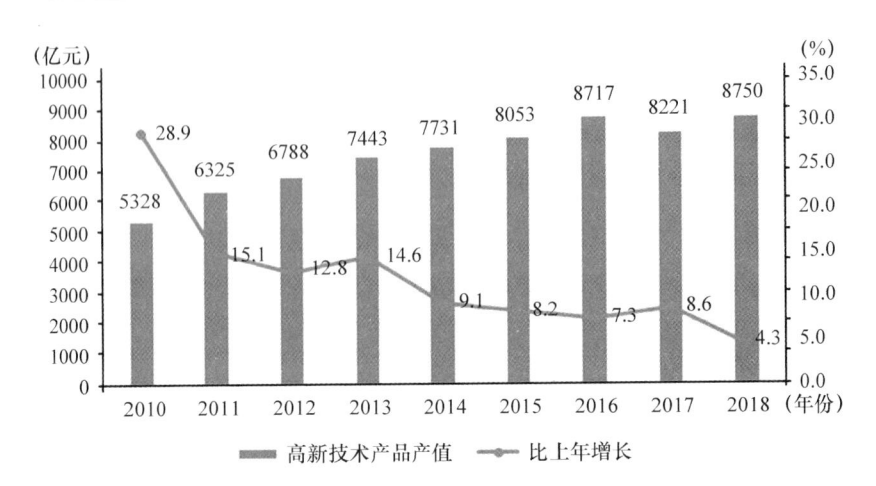

图 2-40　2010—2018 年规模以上工业高新技术产品产值变动情况

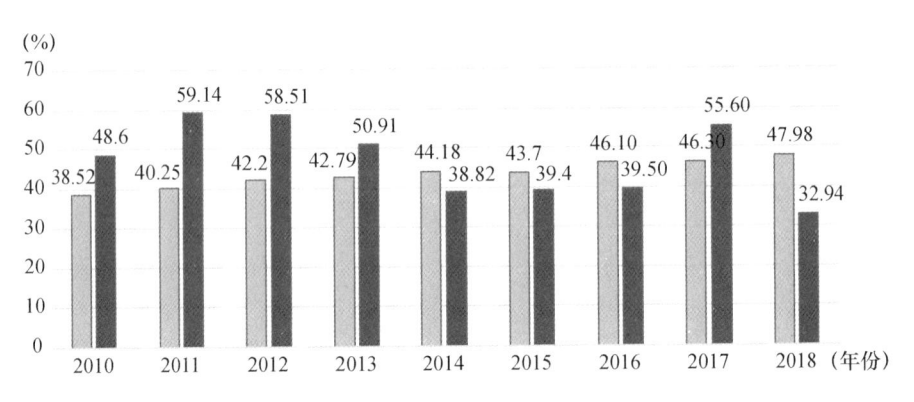

图 2-41　2010—2019 年高新技术产值及出口占全市总量比重

三　广州经济增长要素贡献实证分析

全要素生产率的测算主要根据索洛提出的测算技术进步的基本方法。利用柯布—道格拉斯（Cobb-Douglas）生产函数，在规模收益不变和希克斯技术中性假设下，全要素生产率增长就等于广义技术进步率。秦丽萍等（2015）[①] 利用索洛的方法对上海市 1978—2013 年经济发展的要素驱动力进行了分析，发现 2010—2013 年上海经济增长中，资本、劳动和全要素生产率的贡献率分别为 44.5%、9.5%、46%。

下面，我们参考秦丽萍等人的方法和步骤，对广州经济发展的要素动力因素进行实证分析。

（一）模型构建

我们采用柯布—道格拉斯生产函数形式的增长核算模型：

$$Y_t = A_t K_t^\alpha L_t^\beta = A_0 \exp[at + bt\ln(t)] K_t^\alpha L_t^\beta \quad (4)$$

模型包括资本 K_t 和劳动 L_t 等要素投入，Y_t 为总产出，A_t 是全要素生产率。

假设规模报酬不变，于是有 $\alpha + \beta = 1$，即 $\beta = 1 - \alpha$。

为了拟合估计期全要素生产率的变化趋势，全要素生产率 A_t 采用混合线性对数的指数函数形式：$A_t = A_0 \exp[at + bt\ln(t)]$。

（二）模型参数的估计

下面采用 Stata 统计软件对以上模型进行估计，非线性模型估计命令进行参数估计：

nl (Y = {A0} * exp ({a} * (year – 1994) + {b} * (year – 1994) * ln ((year – 1994))) * K^ ({alfa}) *L^ (1 – ({alfa}))) if (year > 1999) , nolog

其中 Y 为总产出，$year$ 为年度，$A0$、a、b、$alfa$ 为待估计参数，K 为资本投入，L 为劳动投入。相关数据（经过标准化后）如下（见表 2-9）。

[①] 上海市统计局综合处课题组（秦丽萍，阮大成，陈君君）：《上海经济发展阶段特征及"十三五"经济增长动力研究》，《调研世界》2015 年第 4 期。

表2-9　　　　　各年份的产出、资本要素和劳动要素

年份	Y_t	K_t	L_t
2000	2.16	5.04	1.30
2001	2.44	5.61	1.31
2002	2.77	6.17	1.32
2003	3.19	6.80	1.36
2004	3.67	7.48	1.41
2005	4.14	8.24	1.50
2006	4.76	9.08	1.56
2007	5.50	9.96	1.63
2008	6.20	10.87	1.70
2009	6.92	12.17	1.77
2010	7.82	13.80	1.86
2011	8.71	15.41	2.00
2012	9.62	17.12	2.07
2013	10.72	19.25	2.15
2014	11.64	21.70	2.28
2015	12.60	24.45	2.42
2016	13.56	27.35	2.56
2017	14.47	30.09	2.71
2018	15.34	32.75	2.88
2019	16.38	35.76	2.94

得到估计结果如表2-10。

表2-10　　　广州科布—道格拉斯生产函数模型估计结果

方差分析	SS	df	MS	回归统计	
模型部分	1733.5274	4	433.3818	R^2	0.9998
残差部分	0.3255	16	0.0203	调整后 R^2	0.9998
总计	1733.8528	20	86.6926	剩余偏差	-25.6075

续表

模型参数估计	参数估计值	标准误差	t统计量	P-值	95%置信下限	95%置信上限
A0	0.1835	0.0344	5.34	0.000	0.1106	0.2564
a	0.4048	0.0326	12.43	0.000	0.3357	0.4739
b	-0.1012	0.0065	-15.47	0.000	-0.1150	-0.0873
alfa	0.5688	0.1977	2.88	0.011	0.1497	0.9878

得到资本要素的产出弹性 $\alpha = 0.5687534$，劳动要素的产出弹性 $\beta = 1 - \alpha = 0.4312466$（见表2-10）。

（三）结果分析

根据以上结果，经过标准化处理，就可以测算广州市全要素生产率以及劳动要素和资本要素对经济增长的贡献，并分析经济增长因素。主要发展阶段的要素贡献结果见表2-11和表2-12。

表2-11　　不同时期各生产要素对经济增长的贡献率　　单位:%

年份	GDP年均实际增速	资本贡献率	劳动贡献率	全要素生产率贡献率
2001—2019	11.24	55.05%	17.45%	27.50%
2001—2005	13.88	43.0%	9.7%	47.3%
2006—2010	13.55	46.2%	14.5%	39.3%
2011—2015	10.01	68.2%	24.1%	7.7%
2015—2019	7.08	83.1%	31.8%	-14.9%

说明：2011—2015年占2015—2019年两个五年存在一年重合。下同。

表 2-12　　　不同时期各生产要素拉动经济增长情况　　　单位:%

年份	资本存量年均增速	劳动力年均增速	资本拉动经济年均增长	劳动拉动经济年均增长	全要素生产率拉动经济年均增长
2001—2019	10.86	4.41	6.19	1.96	3.09
2001—2005	10.32	2.97	5.96	1.35	6.56
2006—2010	10.87	4.36	6.26	1.96	5.33
2011—2015	12.12	5.47	6.83	2.41	0.77
2015—2019	10.51	5.17	5.88	2.25	-1.06

1. 从总体看

从总体看，经济增长主要依靠资本和技术双要素推动。2001—2019 年，广州年均 GDP 实际增速为 11.24%，资本和劳动力的年均增长率分别为 10.86% 和 4.41%。期间，资本投入拉动经济年均增长 6.19 个百分点，劳动力拉动经济年均增长 1.96 个百分点，而广义技术进步等因素则拉动经济年均增长 3.09 个百分点，三者对经济增长的贡献率分别为 55.05%、17.45% 和 27.50%，由此表明，自 2001—2019 年以来广州经济的增长主要是靠资本和技术的双推动。

2. 分阶段看

2001—2005 年为我国加入 WTO 后经济起飞阶段，经济增长主要依靠资本要素投入增加以及全要素生产率提高，劳动投入增加相对缓慢。

2006—2010 年为经济高速增长期，资本、劳动力投入都比上一阶段加快，全要素生产率提高速度有所减缓。

2010—2015 年国际金融危机后经济发展转折期，资本、劳动力要素投入增速比上一阶段进一步加快，全要素生产率提高速度大幅回落。

第二章 新常态下广州经济增长动力——基于要素结构的分析

2015—2019年为经济发展进入新常态后的经济增速回稳期，资本要素投入保持稳定增长，劳动力要素投入增速小幅回落，全要素生产率小幅回落，主要由于环境治理、防范金融风险、加大自主创新等着眼长远的投入大幅增加，但短时间内回报还不明显，导致资本的作用更加凸显（见图2-42）。

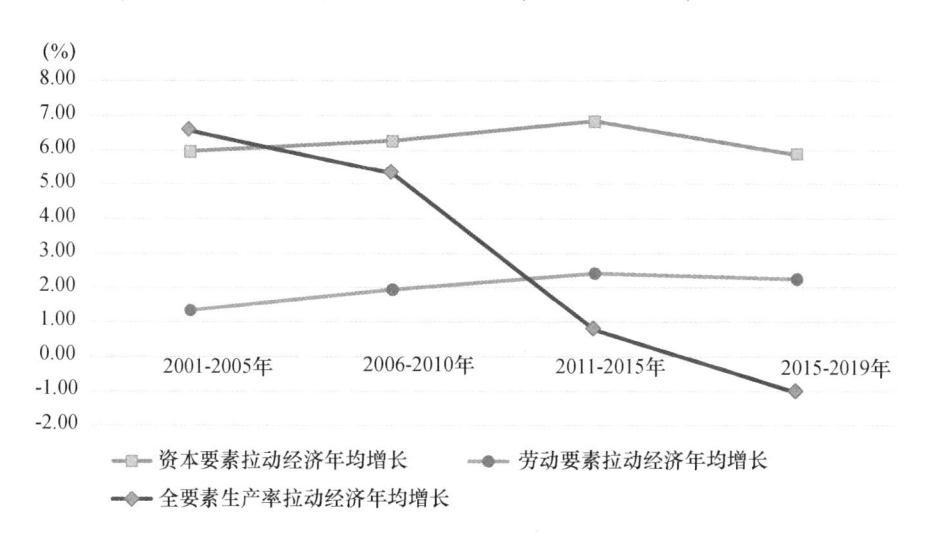

图2-42 2001—2019年各要素拉动经济增长变动情况

3. 分要素看

（1）劳动力对经济增长贡献率呈上升趋势

劳动要素对经济增长的贡献率虽然一直低于资本要素，但总体呈现上升走势。2001—2019年，劳动力年均增长4.41%，劳动力对经济增长贡献率平均为17.45%，拉动经济年均增长1.96个百分点；2001—2005年，劳动力年均增长2.97%，劳动力对经济增长贡献率平均为9.7%，拉动经济年均增长1.35个百分点；2006—2010年，随着大量外来劳动力的导入，人口红利集中释放，劳动力年均增长4.36%，劳动力对经济增长贡献率大幅提高到14.5%，拉动经济年均增长1.96个百分点；2011—2015年，广州对劳动力的吸引力继续提升，劳动力年均增长5.47%，劳动力对经济增长贡献率提高到24.1%，拉动经济年均增长 2.41 个百分点；2015—2019 年，广州继续保持对劳动力的吸引力，劳动力年均增长 5.17%，劳动力对经济增长贡献率提高到 31.8%，拉动经济年均增长 2.25 个百分点。

（2）资本仍是经济增长主要动力

资本对经济增长的贡献率保持增长，仍然是经济发展的重要动力，贡献率在 40% 以上。在 2011 年以后的两个五年，资本贡献率在 50% 以上，2015 年以后的五年，随着我国经济进入新常态，广州经济增速逐渐回落，但投资增速仍保持相对稳定，使得资本贡献再度提升，达到 83.1%。

（3）全要素生产率是经济增长的重要动力

改革开放 40 多年来，广州全要素生产率的提高对经济增长起着举足轻重的作用，全要素生产率对经济增长贡献率在加入 WTO 的前两个五年保持较高水平。2001—2005 年，全要素生产率贡献率为 47.3%；2006—2010 年虽然有所回落，但仍达到 39.3%；2011—2015 年，经过全球金融危机后，我国经济刚开始进入新常态，广州经济的技术水平与发达国家的差距快速缩小，仅仅依靠引进或学习国外先进技术来加快经济发展的路子越走越窄，全要素生产率贡献率降至 7.7%；但随着环境治理、金融风险防范、自主创新投入加大，2015—2019 年广州全要素生产率对经济增长的贡献率回落至 -14.9%。这种变化态势表明广州正步入发展方式转型期，技术创新等扮演的角色需要更加重视。

四 新常态下广州要素驱动力趋势判断

（一）新常态下我国要素变动趋势分析

1. 劳动力要素规模趋稳

根据第六次人口普查，我国 15—59 岁劳动年龄人口数量 2011 年开始减少，考虑延迟退休因素的 15—64 岁人口数量已于

2013年开始下降。未来一段时期我国劳动年龄人口数量继续负增长，劳动力供应总量已经处于下行通道。我国人口老龄化的加剧以及二胎和三胎政策的放开，也将推动我国近期人口抚养比上升。据国务院发展研究中心课题组的调查，我国大部分农村能够转出的农村青壮年劳动力大都已经转出，只有少部分区域还有一定规模的可转移劳动力，农村劳动力转移的潜力正在逐渐减弱。但随着我国人口素质的提高，劳动力创造价值的能力进一步提高，"质量型人口红利"还将进一步显现。劳动要素的成本提高。相对于老一代劳动者，年轻一代劳动者的就业观念已发生变化，对就业质量要求更高，就业的内在压力下降，呈现出劳动参与率下降和员工流动率上升的趋势，劳动力要素的就业稳定性弱化，非正规就业和自主创业比例上升。随着劳动力供求关系发生变化，"用工荒"逐步成为常态，很多企业通过提升工资、增加福利、改善工作生活环境来吸引劳动者，用工成本或者劳动报酬趋于上升。

2. 资本要素数量瓶颈基本消除

改革开放40多年，我国资本积累已经获得跨越式发展，2015年我国对外投资流量首次超过吸收外资，成为资本净输出国。我国国有企业和民营企业实力大幅增强，《财富》世界500强排行榜的中国公司数量连续14年增长，2017年达到了115家，企业投资实力持续提升。经济快速发展为税收稳定增长提供了基础，我国政府财政投资能力持续增强。随着我国居民收入水平不断提高，储蓄率保持稳定，为我国资本积累提供源源不断的储蓄资金支持。随着我国金融体系逐步完善，资本要素的优化配置能力也逐步提升。

3. 我国未来全要素生产率稳步提高

创新发展战略深入实施和改革开放深入推进将保障我国未来全要素生产率稳步提高。随着我国技术水平与发达国家差距越来越缩小，依靠引进技术提高全要素生产率的路子将越走越窄，随着国家对创新的投入加大，支持创新的制度日趋完善，通过自主创新提高全要素生产率的路子越走越宽。我国专利申请量和授权量逐步走在各国前列，各领域的关键技术不断取得突破。

4. 技术进步将引发劳动要素重新配置

随着一批新技术的推广应用，劳动力要素配置将发生广泛深远的调整。自动化普及和机器换人政策的推进，将引发对劳动力需求规模和结构的大调整。随着人工智能应用的推广，大批传统职业岗位需求将大幅降低。新一代信息技术的普及和交通运输服务业能力的大幅提升也将为劳动力要素的时间空间配置提供更大的灵活性。

（二）新常态下广州要素结构变动影响因素分析

1. 影响广州劳动力要素主要因素

一是广州传统劳动力输入地区经济发展加快，就业机会增加，加上长三角、京津冀等区域对劳动力的吸引力提高，广州对外省劳动力的吸引力正趋于相对弱化。二是随着广州产业结构进一步调整，第一产业从业人员比重将进一步下降，第二、第三产业比重继续上升，第三产业在未来一段时间内仍将是吸纳劳动力的主力，随着劳动密集型制造业继续转移，制造业对劳动力的吸纳将趋弱。三是广州经济转型升级将对劳动要素提出更高需求。创新发展战略的深入推进，需要大批具有各领域创新能力的专业技术劳动者。广州重点发展的战略新兴产业对具备相关领域能力的劳动者有大量需求。广州参与"一带一路"建设和经济全球化对相关人力资源需求将继续增加。四是作为一线城市，普通劳动力在广州的居住成本较高，优质公共服务供给仍然不能完全满足劳动者的需求，但相对于上海和北京，广州的进入门槛相对较低。

2. 影响广州资本要素主要因素

从资本需求看，未来几年，广州经济要保持较快增长，需要固定资产投资也保持较快增速。广州加快建设国际航运枢纽、国际航空枢纽，基础设施投资仍保持较高强度。广州"三旧"改造潜力空间巨大，城市更新步伐继续迈进，相关投资需求有待释放。从资本供给看，传统融资渠道仍是广州投资资金的主要来源，未来仍将主要通过金融机构贷款、利用境外资金、自筹资金、预算内资金等渠道筹集建设所需资金。未来，广州将利用资本市场，开辟新的融资渠道，创新融资手段和工具，弥补资金不足。通过加大债券市场、上市融资等资本市场融资力度筹措资金，通过股权基金、融资租赁、政府和社会资本合作（PPP）等新型投融资模式创新融资机制筹措资金。但资本市场资金筹措受国家宏观经济政策影响较大，有一定的不确定性，需密切关注。

3. 影响广州全要素生产率主要因素

一是引进技术还有较大空间，自主创新急需大作为。广州通过引进消化吸收先进技术来提高技术水平还有较大空间，但技术层次越来越高，可行空间越来越小，难度和成本也越来越大，在自主创新方面急需更大的作为。从国际经验看，人均GDP超过1万美元之后技术进步速度下降明显。主要原因是后发国家在不断利用技术进步的后发优势加快自身发展，但随着追赶型国家技术水平距离前沿国家越来越近，通过技术引进和模仿而实现的技术进步速度会越来越慢。在追赶效应的带动下，全要素生产率出现飞跃，但当人均GDP达到一定水平后，快速提高趋势不再延续。广州经济经过改革开放以来快速发展，技术水平与发达国家的差距已经大幅缩小，一些领域已经接近甚至达到世界前沿水平，但在大部分领域的技术水平相比世界前沿仍有较大差距。目前广州人均GDP早已超过1万美元，技术进步速度也已处于下降通道，但离追上发达经济体的技术水平仍有较大空间，特别是在尖端技术、金融创新、国际化经营等领域仍有较大差距。"十四五"期间，广州将继续加快建设国际科技创新枢纽，随着广州产业转型升级，企业技术投入和自主创新的动力和压力进一步增强，技术创新将扮演越来越重要的角色。

二是改革开放产生的制度和环境红利继续释放但短期效果减弱。改革开放早期，广州充分享用了先行先试政策所带来的红利，在很大程度上推动了广州全要素生产率的增长，但随着改革开放的深入、市场体制的不断完善和政策环境的变化，新一轮改革开放（如"一带一路"倡议，粤港澳大湾区、自贸试验区和自由港的建设等）将对宏观经济形成有力支撑，但总体会弱于前一阶段，主要由于未来一段时期改革面临的都是难度较大的"硬仗"，需要面对利益固化带来的要素流动趋停、社会矛盾激化、交易成本和内耗增加等困难。

三是资源优化配置空间很大。首先是土地资源优化配置空间巨大，"三旧"改造是土地资源优化配置的重要手段，广州可进行"三旧"改造的土地面积达到500多平方公里，占建成区面积的三分之一，推进"三旧"改造将提高广州经济的整体效率。其次是创新资源优化配置空间同样巨大，广州汇集了华南地区大量的高校、研究机构、研究人员等创新资源，但这些资源的效用还远没有发挥出来，继续通过体制机制改革释放这些资源的创新活力，将为广州创新发展提供强大动力。最后是国际化资源配置空间潜力更加宽广，广州作为我国对外开放的重要门户，对外经济社会文化交往有着深厚的积淀，在利用国际化资源方面有广阔的发展前景，随着国家"一带一路"建设推进，广州在吸引国际高端资源落地、更好更快地走出去、搭建国际化平台等方面可以有很大的作为空间。

总体而言，全要素生产率的稳定提升将是新常态下广州经济增长的重要支撑。综合考虑国际经验和广州发展的阶段，预计未来几年广州全要素生产率将稳步提高。

(三) 新常态下广州要素结构变动趋势判断

1. 资本要素投入的预测

"十四五"时期,广州在基础设施投资、城市更新投资、数字经济投资、战略新兴产业投资等方面将保持较高强度的投入,总体投资增速不会有大的下降。假设2020—2025年固定资产投资增长8%,2026年固定资产投资增长7%,中间年份按照等比级数进行插值得到每年固定资产投资增速。2020—2025年固定资产投资价格折算系数按照前五年的移动平均进行外推计算。可以得到2020—2025年资本存量的预测(见表2-13)。

表 2-13　　　　　2020—2025 年广州资本存量的预测

年份	固定资产投资指数 (上年=100)	固定资产投资价格折算系数 (2000年=1)	资本存量 K (2000年=1)
2020	108.0	0.689	38.848
2021	108.0	0.670	41.961
2022	107.8	0.648	45.054
2023	107.6	0.625	48.121
2024	107.4	0.605	51.180
2025	107.2	0.587	54.250

2. 劳动要素投入预测

我们通过对三次产业从业人数采用趋势外推方法进行预测,然后再加总,得到广州"十四五"时期从业人数的预测。

(1) 第一产业从业人员数的预测

对第一产业从业人员数采用对数函数模型进行拟合,得到拟合函数结果如下:

$$EMP1 = -16.000154\ln(x) + 108.429079 \quad (5)$$

$$R2 = 0.842861$$

这里的 $EMP1$ 是第一产业从业人员数(万人),x 是时间(1994年=1,逐年加1,下同)。拟合优度为0.843(见图2-43)。

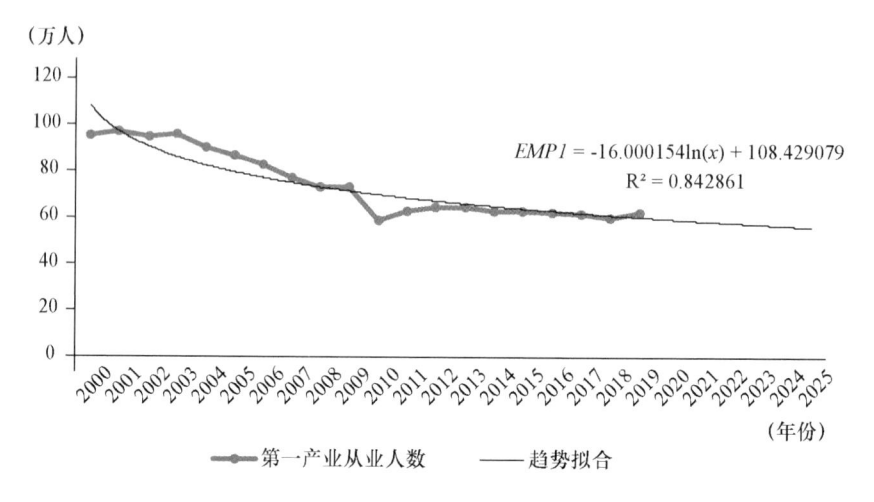

图 2-43　广州第一产业从业人数的对数函数拟合图

（2）第二产业从业人员数的预测

对第二产业从业人员数采用对数函数模型进行拟合，得到拟合函数结果如下：

$$EMP2 = 44.777285\ln(x) + 162.164651 \tag{6}$$

R2 = 0.779391

这里的 $EMP2$ 是第二产业从业人员数（万人），x 是时间。拟合优度为 0.779（见图 2-44）。

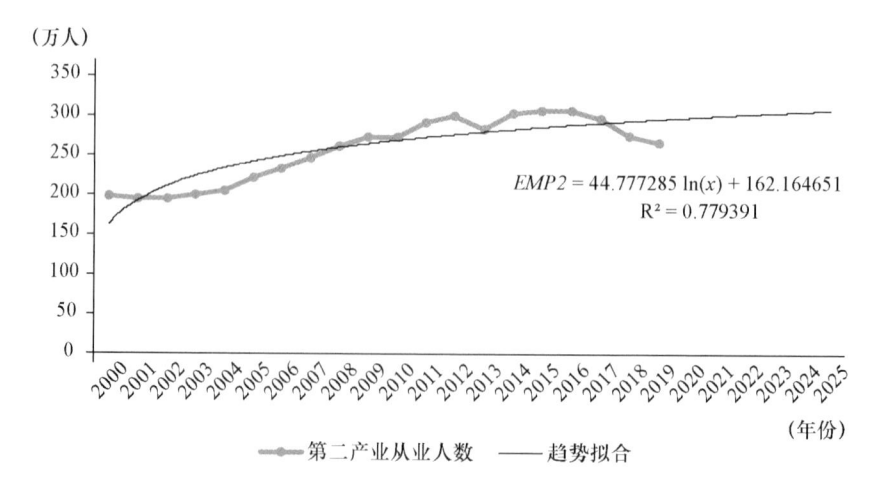

图 2-44　广州第二产业从业人数的对数函数拟合图

第二章 新常态下广州经济增长动力——基于要素结构的分析

(3) 第三产业从业人员数的预测

对第三产业从业人员数采用线性函数模型进行拟合，得到拟合函数结果如下：

$$EMP3 = 30.582978\,x + 89.430079 \quad (7)$$

R2 = 0.924094

这里的 $EMP3$ 是第二产业从业人员数（万人），x 是时间。拟合优度为 0.924（见图 2-45）。

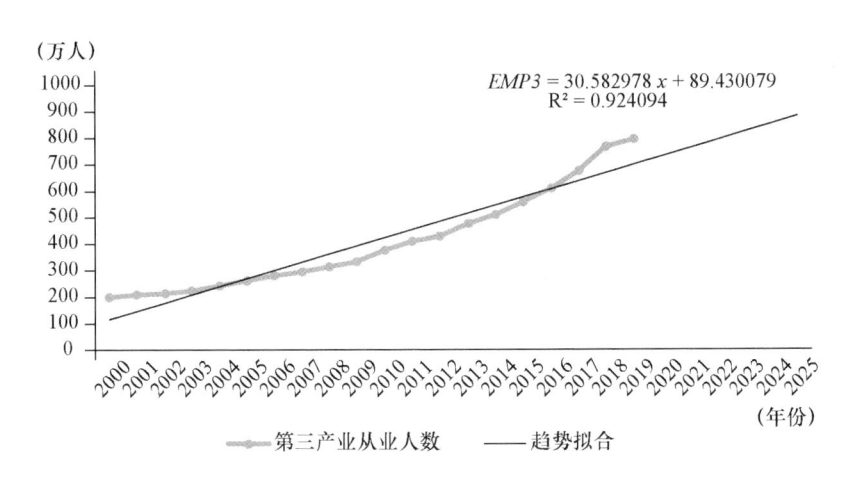

图 2-45 广州第三产业从业人数的线性函数拟合图

利用以上得到的三次产业从业人员数的拟合函数 (5)、(6)、(7) 外推，得到三次产业从业人数及全市从业人数的预测结果以及劳动要素投入的预测结果（见表 2-14）。

表 2-14　2020—2025 年广州从业人数和劳动要素投入的预测　　人数：万人

年份	从业人数合计	第一产业从业人数	第二产业从业人数	第三产业从业人数	劳动要素投入 L
2020	1161.9	61.6	272.6	827.7	3.0325
2021	1198.1	61.1	278.7	858.3	3.1267
2022	1234.2	60.5	284.8	888.9	3.2209

续表

年份	从业人数合计	第一产业从业人数	第二产业从业人数	第三产业从业人数	劳动要素投入 L
2023	1270.3	60.0	290.9	919.4	3.3153
2024	1306.4	59.4	297.0	950.0	3.4096
2025	1342.6	58.9	303.1	980.6	3.5040

3. 全要素生产率的预测

（1）全要素生产率的建模

为更准确捕获近期广州全要素生产率走势，下面对全要素生产率走势进行建模。

利用已估计到的资本和劳动的产出弹性和增长核算模型，采用索罗余值法，我们得到2000—2019年的全要素生产率的估计；对该估计值取对数，得到表2-15的结果。

表2-15　　　　广州全要素生产率及其对数的估计

年份	全要素生产率的指数（上年=1）	全要素生产率对数的增量
2000	1.022626	0.0223737
2001	1.055261	0.0537879
2002	1.069178	0.0668901
2003	1.078132	0.0752303
2004	1.072700	0.0701792
2005	1.042161	0.0412963
2006	1.068331	0.0660979
2007	1.076851	0.0740410
2008	1.050816	0.0495668
2009	1.029565	0.0291366
2010	1.031557	0.0310690
2011	1.014128	0.0140294

续表

年份	全要素生产率的指数（上年＝1）	全要素生产率对数的增量
2012	1.022363	0.0221171
2013	1.026341	0.0260001
2014	0.988344	－0.0117243
2015	0.986559	－0.0135322
2016	0.985968	－0.0141313
2017	0.986169	－0.0139271
2018	0.984090	－0.0160382
2019	1.006559	0.0065379

利用混合线性对数模型对 2000—2019 年的全要素生产率对数的年度增量进行拟合：

$$dlnA = a + bx + cx\ln x + dx(\ln x)^2 \quad (8)$$

采用 Stata 统计软件对以上模型进行估计，非线性模型估计命令进行参数估计：

nl（dlnA ＝ {a} ＋ {b} ＊x ＋ {c} ＊x ＊ ln（x）＋ {d} ＊（ln（x））^2 ＊x），nolog

其中 dlnA 为全要素生产率的对数增量，x 为时间，a、b、c、d 为待估计参数。

得到估计结果如下（见表 2 - 16 和图 2 - 46）。

表 2 - 16　广州全要素生产率混合线性对数模型估计结果

方差分析	SS	df	MS	回归统计	
模型部分	0.01762	3	0.005872	R²	0.8855
残差部分	0.00228	16	0.000142	调整后 R²	0.8641
总计	0.01989	19	0.001047	剩余偏差	－124.8542

续表

模型参数估计	参数估计值	标准误差	t统计量	P-值	95%置信下限	95%置信上限
a	-1.6390	0.3486	-4.70	0.000	-2.3779	-0.9001
b	0.8562	0.1781	4.81	0.000	0.4787	1.2336
c	-0.4280	0.0901	-4.75	0.000	-0.6189	-0.2370
d	0.0566	0.0122	4.66	0.000	0.0308	0.0824

得到以下拟合函数：

$$regdlnA = -1.639036 + 0.8561737x + -0.4279538x\ln(x) + 0.0566116 x (\ln(x))^2 \qquad (9)$$

R2 = 0.8641

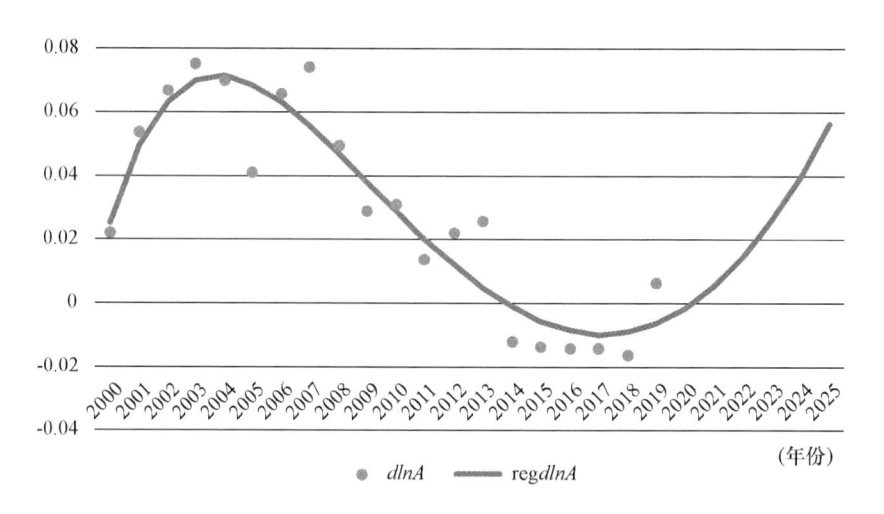

图 2-46 广州 2000—2019 年全要素生产率对数的增量拟合图

（2）全要素生产率的初步预测

利用拟合函数（9）外推即可得到全要素生产率对数增量在 2021—2025 年的预测值，再取指数得到 2021—2025 年全要素生产率的初步预测值（见表 2-17）。

表 2-17　2020—2025 年广州全要素生产率指数的初步预测

年份	全要素生产率对数增量	全要素生产率指数
2020	-0.0062	0.9938
2021	-0.0014	0.9986
2022	0.0056	1.0056
2023	0.0148	1.0149
2024	0.0262	1.0266
2025	0.0401	1.0409

(3) 全要素生产率预测的调整

从表 2-17 的初步预测结果看，2021—2025 年，随着创新驱动效应逐步得到发挥，广州全要素生产率指数（上年=1）也逐步提高，从 2021 年的 0.9986，逐步提高到 2024 年的 1.0266，2025 年甚至达到 1.0409，高发达国家全要素生产率指数通常也只有 1.02 左右。由于未来国际环境很可能更不利于广州引进消化吸收发达国家先进技术，广州的自主创新能力提升也仍需要一个过程，为稳妥起见，我们把 2025 年的全要素生产率指数预测调整为 2024 年的 1.0266 水平，得到广州全要素生产率指数的最终预测结果见表 2-18。

表 2-18　2020—2025 年广州全要素生产率指数预测的调整

年份	全要素生产率对数增量	全要素生产率指数
2020	-0.0062	0.9938
2021	-0.0014	0.9986
2022	0.0056	1.0056
2023	0.0148	1.0149
2024	0.0262	1.0266
2025	0.0262	1.0266

4. 2021—2025 年潜在经济增长率的预测

利用全要素生产率的预测以及资本和劳动投入的预测，合成得到 2020—2025 年的潜在经济增长率预测（见表 2-19）。

表 2-19　　　　2020—2025 年广州潜在经济增长率的预测

年份	资本要素 K_t/K_{t-1}	劳动要素 L_t/L_{t-1}	全要素生产率 A_t/A_{t-1}	GDP 指数 Y_t/Y_{t-1}
2020	1.0482	1.0137	0.9938	1.0560
2021	1.0448	1.0133	0.9986	1.0572
2022	1.0413	1.0129	1.0056	1.0606
2023	1.0382	1.0125	1.0149	1.0668
2024	1.0357	1.0122	1.0266	1.0762
2025	1.0337	1.0118	1.0266	1.0740
2021—2025 年均	1.0387	1.0125	1.0144	1.0670

于是，我们得到"十四五"时期广州潜在经济增长率的预测为 6.70%，其中资本贡献 3.88 个百分点，占 58.0%；劳动贡献 1.25 个百分点，占 18.7%；全要素生产率贡献是 1.44 个百分点，占 21.5%（见表 2-20）。

表 2-20　　　不同要素对广州经济增长的贡献情况　　　单位：%

年份		资本	劳动	全要素生产率	GDP 年均增速
2021—2025	拉动经济增长（百分点）	3.88	1.25	1.44	6.70
	对经济增长的贡献率	58.0	18.7	21.5	100

第三章 新常态下广州经济增长动力
——基于产业结构的分析

一 产业结构演变与经济增长：相关理论与一般规律

(一) 产业结构理论

产业是社会分工现象，它作为经济单位，介于宏观经济与微观经济之间，属于中观经济范畴，它既是国民经济的组成部分，又是同类企业的集合。"结构"一词的含义是指某个整体的各个组成部分的搭配和排列状态，它较早地被应用于自然科学中。在经济领域，产业结构这个概念始于20世纪40年代。产业结构可以从两个角度来考察：一是从"质"的角度动态地揭示产业间技术经济联系与联系方式不断发生变化的趋势，揭示经济发展过程的国民经济各部门中，起主导或支柱地位的产业部门的不断替代的规律及其相应的"结构"效益，从而形成狭义的产业结构理论；二是从"量"的角度静态地研究和分析一定时期内产业间联系与联系方式的技术经济数量比例关系，即产业间"投入"与"产出"的量的比例关系，从而形成产业关联理论。广义的产业结构理论包括狭义的产业结构理论和产业关联理论。经济增长往往伴随着产业结构的演变，因此产业结构变化对经济总量增加和效率提升的影响，引起了学者们的高度重视。

1. 经济增长的结构主义理论

结构主义观点强调经济增长是生产结构的一部分，结构转变极有可能在非均衡的条件下发生。罗斯托（Walt Whitman Rostow）[1]较早提出了经济增长的结构主义理论，他从产业结构机理出发，强调结构变动对总量增长的作用，认为近代经济增长基本是一个部门变化的过程，根植于现代技术所提供的生产函数的累积扩散中，而这些发生在技术和组织中的变化只能从部门的角度来加以研究。

不少学者对产业结构对经济增长的贡献考察做出实证测算。Denison（1967）[2]通过分析美国1929—1957年的数据，发现12%的经济增长来自于结构优化。Kuznets（1971）[3]在《各国的经济增长》一书中对大量的数据进行了长期趋势分析和截面分析，研究认为美国1948—1966年生产率的提高有10%是由资源的再分配引起的。在《工业化和经济增长的比较研究》一书中，钱纳里、鲁宾逊和赛尔奎因（1989）[4]利用多种数学模型，分析比较了战后准工业国家（地区）的工业化发展经验，明确指出了在经济非均衡的发展中国家，结构转变对经济增长的影响更为明显。Peneder（2003）对28个OECD国家在1990—1998年间产业结构转变（劳动力在产业间的转移）对生产率以及经济增长关系的影响进行了实证分析，结果表明，产业结构变动对于经济增长具有显著的影响，但影响程度还是很有限；

---

[1] ［美］华尔特·惠特曼·罗斯托（Rostow, W. W.）：《经济增长的阶段：非共产党宣言》，国际关系研究室编译所译，商务印书馆1962年版。

[2] Denison, E. F., *Why Growth Rates Differ: Postwar Experience in Nine Western Countries*, The Brookings Institution, Washington, 1967.

[3] Kuznets, S., *Economic Growth of Nations: Total Output and Production Structure*, Harvard University Press, Cambridge, Massachusetts, 1971.

[4] ［美］H·钱纳里、S·鲁宾逊、M·赛尔奎因：《工业化和经济增长的比较研究》，吴奇等译，上海三联书店1989年版。

另外某些具有较高生产效率和产出能力的行业的扩张有利于经济增长。

国内学者刘伟和张辉（2008）、余江和叶林（2008）、干春晖和郑若谷（2009）、张湘赣（2011）等分析了中国产业结构演变和经济增长之间的关系，认为产业结构的变化具有显著促进作用。刘伟和张辉（2008）将技术进步和产业结构变迁从要素生产率中分解出来，实证度量了产业结构变迁对经济增长的贡献，研究表明：改革开放以来，产业结构变动对经济增长的影响一直很显著，甚至在上世纪80年代结构变动贡献达到50%，超过了技术进步的贡献；然而随着资源配置效率落差的缩小，产业结构变动对经济增长的推动作用也在不断减弱。余江和叶林（2008）在 Romer（1996）的模型的基础上纳入产业结构变动因素进行扩展分析，证明在自然资源约束下，产业结构变动不论在短期还是长期对经济增长都存在影响。干春晖和郑若谷（2009）的研究表明，我国产业结构对经济增长有积极的影响，但也表明这种"结构红利"的作用正在弱化。张湘赣（2011）认为，产业结构随着社会经济的增长而不断变动，产业结构的调整与优化也是经济良性发展的内在体现，调整产业结构以促进经济协调发展，是我国实现经济稳定持续发展的一个重要基础。

上述研究结果均显示我国产业结构变动对经济增长的影响比较显著，也有学者认为产业结构变动对我国经济增长促进作用并不显著。例如吕铁（1999）通过采用资源再配置效应模型，考察了我国改革开放以来（1979—1996年）三次产业结构的变动对经济增长的具体贡献，得出三次产业结构的资源再配置效应对经济增长的贡献仅为3.04%。龚仰军（2002）对我国三大产业与经济增长的关系进行了研究，重点分析了现代经济增长中的结构变动因素，并对结构变动的效应进行了量化分析，分析结果显示：目前我国的经济增长与结构变动之间还没有表现出明显的因果关系。出现上述不同结论的原因在于学者们所用的研究模型以及量化变量的不同。尽管如此，主流观点仍认为产业结构的变化对经济增长存在显著促进作用。

2."结构红利假说"相关理论

威廉·配第[①]在《政治算术》中写道，在荷兰"商业的收益最高、工业次之、而农业最少"，很少人从事农业，大多数人都从事制造业和商业，配第指出：劳动力结构变化的根本在于产业间收入的差异，随着人均收入的提高，劳动力必然由农业转向工业，而后再转移到商业。他所揭示的由于经济的发展而引起产业结构演进的方向是西方经济理论中关于产业结构演进的最早、最朴素的论述。其后，科林·克拉克依据费希尔提出的三次产业分类法，利用20多个国家部门劳动力投入和总产出的截面和时间序列数据对就业人口在不同产业中分布结构的变动趋势进行了深入的分析，印证了配第的发现，该研究成果被称为配第—克拉克定理。当收入较低时，劳动力主要集中在第一产业，而工业和服务业吸纳的劳动力较少，但是伴随着劳动生产率和收入水平的提高，第一产业释放出的大量剩余劳动力将逐步转移到第二产业，部分剩余劳动力会转移到服务业；而后随着社会经济的进一步发展，剩余劳动力将会再次转移到第三产业，第三产业就业比重不断上升。因而第二和第三产业成为社会劳动力就业的核心产业，农业就业人口将大幅度下降，农业在社会经济发展中的地位也逐渐下降。

西蒙·库兹涅茨[②]根据不同产业在生产中对资源需求种类和依赖程度的不同，用农业替代第一产业、工业替代第二产业、服务业替代第三产业，利用20多个国家的劳动力和人均国民收

---

① [英]威廉·配第（William Petty）：《政治算术》，陈冬野译，商务印书馆1978年版。

② [美]西蒙·库兹涅茨（Kuznets, S.）：《各国的经济增长：总产值和生产结构》，常勋等译，商务印书馆，1999年版。

入数据，从纵向和横向两个维度对经济发展和产业结构变动之间的关系进行更为深入透彻的分析。他指出：随着人均国民收入的提高，农业部门的产值占国民收入的比重和农业就业人员占总就业人员的比重都呈现下降趋势；而工业部门产值在国民收入中的比重不断上升，但其行业的就业人数基本不变或略有上升；服务业产值占国民收入中的比重不断上升，并且从业人口也不断增多，但总产值和劳动力所占的份额并不同步。他还进一步指出：随着经济的增长，服务业内部商业和其他服务业的从业人口数不断的增长，其中金融、商业是服务业中最大的服务部门，接下来是个人服务业部门和政府部门。库兹涅茨法则以人均国内生产总值为基准，揭示了三次产业就业和产值结构变动的一般规律，它不仅对配第—克拉克定理进行了验证，而且还进一步说明了产业结构变化的一般趋势。

在库兹涅茨研究的基础上，钱纳里、鲁宾逊和赛尔奎因[①]将研究的领域推广到低收入的发展中国家。通过对1950—1980年101个国家产业结构转变的影响因素进行分析，构造出揭示经济发展和产业结构变动的"世界发展模型"，即随着经济的持续发展，各国产业结构变动具有趋同和收敛的趋势。他们认为任何国家和地区的经济发展都要经历六个阶段：不发达经济阶段、工业化初期、工业化中期、工业化后期、后工业化阶段和现代社会阶段。在不发达经济阶段大量劳动力停滞在农业部门，国民经济主要由农业来支撑。当人均GDP达到400美元时，绝大多数国家第二产业的增加值都会超过第一产业的增加值，完成初级产品生产阶段向工业化阶段的跨越，进入工业化阶段，此时大量劳动力从农业部门转向工业部门，工业、制造业成为国民经济的支柱产业，但在工业化的中期，服务业已经开始发展，所占比重较小，到工业化后期，服务业开始高速发展并逐渐成

---

① ［美］H·钱纳里、S·鲁宾逊、M·赛尔奎因：《工业化和经济增长的比较研究》，吴奇等译，上海三联书店1989年版。

为经济发展的重要力量。到现代社会以后,技术和知识密集型的服务业逐渐从服务业中分离出来,形成生产性服务业,服务业成为拉动经济增长的主要力量,服务业所占比重快速上升,同时吸纳大量剩余劳动力。钱纳里"标准结构"的贡献在于不仅提供了分析、评价经济发展过程中结构组合是否"正常"的依据,同时还为决策部门制定结构转换政策提供了依据。

产业结构变化对经济增长的促进作用具有丰富的微观基础,那就是要素的跨部门变化。早在西方国家工业化过程中,就出现了劳动力由农业部门向工业部门转移的现象。Lewis(1954)据此提出了二元经济理论,认为经济中存在多余的劳动,随着更多的劳动投入到具有更高生产率增长的现代经济当中,总的生产率水平将不断提高。Salter(1960)[1]是较早就产业结构和生产率增长间的关系展开探索的学者,其研究表明1924—1950年英国制造业28个行业的结构变化对生产率增长的作用显著。Kuznets(1979)[2]指出:"没有各种要素在不同经济部门之间的充分流动,获得人均产出的高增长率是不可能的。"生产要素从效率较低的部门流向效率较高的部门,从而促进生产率或产出的增长,这种观点被称为结构红利假说,该假说的提出引起了学者们的极大兴趣。

国外学者 Chenery 等(1986)、Lucas(1993)、Harberge(1998)等都强调了结构变化对生产率提高和产出增加的重要影响。Robinson(1971)采用多个国家的横截面数据,研究了资源从农业转移到非农产业对总体经济增长的影响。Feder(1982)通过对模型的细化,同样采用多个国家的横截面数据,实证研究资源在出口与非出口部门之间的转换对经济增长的影响。

---

[1] Salter, W. E. G., *Productivity and Technical Change*, Cambridge University Press, Cambridge, UK, 1960.

[2] Kuznets, S., Growth and Structural Shifts, in W. Galenson(ed.), *Economic Growth and Structural Change in Taiwan*, London: Cornell University Press, 1979.

J. Sachs（1994）研究了中国的经济转型，他指出中国经济增长的核心来源是二元经济结构转型所导致的产业结构演变与升级。Sonobe等（1997）通过对劳动生产率进行分解，研究了日本战前工业结构的变化对经济增长的影响。

国内学者吕铁（2002）、李小平和徐现祥（2007）、张军等（2009）着重分析了中国工业领域的结构变化对要素效率或工业增长的影响。"结构红利假说"成为解释结构变动和经济增长及生产率增长的重要理论，被广泛用于解释农业和非农业之间的结构变动、三次产业结构演变和轻工业向重工业的转移。杨治（1985）[1]代表了20世纪80年代中后期我国产业结构问题研究的新方向，不仅研究了产业结构状况以及变化，还将其与经济发展水平和阶段、要素投入、政府干预等一系列问题联系在一起。郭克莎、刘伟、周振华的研究在20世纪90年代颇具影响。郭克莎（1990）考察了我国产业结构变动轨迹，指出我国产业结构偏差显著加深，经济增长速度受到需求的瓶颈制约，并且影响了经济增长质量的提高。此外，郭克莎（2001）运用结构主义的理论方法，分析了产业结构变动与经济发展的关系，提出通过结构调整来促进经济增长。其重点在于研究产业结构调整和经济增长的关系，指出我国产业结构对经济增长的影响途径、瓶颈制约或结构偏差制约、结构转变或结构升级缓慢的制约。刘伟（1995）认为，产业结构演进本身属于经济发展的基本内容之一。他把产业结构演进、升级与经济发展的实质联系起来考察，指出产业结构演进、升级和工业化、现代化密切相关。在一定程度上，可以把经济增长的实质归结为工业化，进而理解为产业结构演进与升级。周振华（1995）从三个方面深刻解释了经济结构是决定经济增长的重要因素的原因，首先，社会分工日益细化、产业部门间的相互依赖不断加强是现代经

---

[1] 参见杨治《产业经济学导论》，中国人民大学出版社1985年版。

济增长的重要特征，而结构有机结合的巨大收益推动了经济增长；其次，大量的资本积累和劳动投入虽然是经济增长的必备条件，但结构状态——结构之间要素的合理配置在很大程度上影响着投入的产出效益，会提高资源的使用效率，从而结构成为经济增长的重要因素；最后，随着科学技术的发展，技术创新会促进劳动生产率的提高，从而带来国民经济的增长，但是技术创新只能先出现于某些领域，然后通过结构关联效应来带动其他领域和部门的扩展。结构关联效应促使某一部门的技术创新作用不断扩散，并使技术创新的中心不断转移，从而带动整个经济增长。刘志彪和安同良（2002）实证研究了中国产业结构演变与经济增长，发现中国产业结构呈现加速变化的趋势，这种趋势将会促进中国经济的加速增长。1978—1999 年、1991—1999 年，产业结构变化和国民生产总值增长率表现出高度正相关关系。刘伟和李绍荣（2002）通过产业结构对经济规模和要素效率的实证研究，发现扩大第三产业的结构会降低第一、第二产业对经济规模的正效应。凌文昌和邓伟根（2004）对 1980—2002 年中国产业转型指标进行分析，发现产业转型对经济增长速度和质量都有显著的促进作用，三次产业内部转型对其增加值增长率也具有显著的正向影响。金相郁（2007）的实证研究发现，中国制造业多样化的产业结构更有利于产业及区域经济发展。曾光和何奕（2008）发现长三角三大区域产业结构与经济增长之间呈非常显著的正相关关系。张晓明（2009）的研究表明，产业结构对经济增长的作用呈正方向，第一、第二和第三产业产值每增加一个百分点，分别能引致人均 GDP 增加 2.49，2.87 和 3.01 个百分点。干春晖和郑若谷（2009）分析了产业结构的生产率增长效应，发现改革开放以来，生产率的增长主要来源于产业内部，劳动力要素的产业间流动存在"结构红利"现象，资本的产业间流动存在"结构负利"现象。

通常而言，经济增长可归结为要素投入增加和要素生产率提升，前者为量变，后者为质变。而产业结构的演变既包含新产业部门的出现所引起的要素投入增加，也包含了要素效率的提升。只要产业结构的变化能够适应需求的变化，能够更有效地对技术加以利用，生产要素能够从生产率低的部门向生产率较高的部门转移，产业结构的变动就会加速经济增长（Pasinetti，1981）。[①]

3. 产业互动融合发展相关理论

近年来，发达国家产业结构、经济结构调整升级中的一个最明显的特征就是生产性服务业日益成为国民经济中的支柱产业，在产业结构优化升级中发挥着重要的作用。有关生产性服务业与制造业之间的关系，学术界主要观点包括需求论、供给论和融合论。

"需求论"认为，与制造业相比，生产性服务业处于附属地位，制造业是生产性服务业发展的前提和基础。Cohen（1987）对制造业与邮政业之间的关系进行了研究，得出制造业是邮政业发展的基础，制造业需求是邮政业发展的动力所在。持有类似观点的还有 Guerrieri 和 Meliciani（2003）。"供给论"认为生产性服务业是制造业发展所必需的中间投入要素，生产性服务业在制造业效率提高方面起着关键作用，在生产服务业与制造业发展的关系中，生产性服务业起着主导作用。Pappas 和 Sheehan（1998）对生产性服务业与新兴制造业之间的关系进行了研究，得出生产性服务业的发展在制造业效率提升方面发挥着重要的作用；Karaomerlioglu 和 Carlssom（1999）认为生产性服务业科技创新是制造业竞争优势形成的前提，离开生产性服务业的科技创新，制造业的竞争优势将很难形成；Eswaran 和 Kotwal（2002）认为生产性服务业通过降低交易成本、提高工业社会分工程度、延长工业产品生产链条而促进工业的发展。"融合论"认为信息技术的

---

① Luigi L. Pasinetti, *Structural Change and Economic Growth*, Cambridge University Press, 1981.

推广和应用促使生产性服务业渗透到制造业的各个环节,二者之间的界限越来越模糊,呈现融合发展的趋势。生产性服务业与制造业的融合发展形成了新的产业发展态势和动力。持有这种观点的学者有植草益（2001）等。Vandermerwe 等（1988）对企业产品形态变化的研究表明:企业服务化要经历"产品或服务""产品+服务""产品+服务+支持+知识+自我服务"三个阶段,这种转变可以使企业受益,即服务战略可以提高生产企业的竞争力、增强盈利能力,同时也可以使环境受益,即服务战略可以减少对资源的浪费和对环境的污染。所以制造业服务化有利于产业结构的优化和经济的可持续发展。

(二) 主导产业选择理论

主导产业选择理论是确定一个或多个产业在区域内占有主导地位的形成、判定及选择基准进行的理论阐述,对区域经济产业发展方向,引导产业结构转换及升级有着重要的指导作用。大卫·李嘉图比较优势理论认为某一产业部门如果具有相对优势,那么其可以成为推动经济发展的中心部门,然后带动周围产业部门的发展,这一原理后来发展成为主导产业的比较优势基准。该基准包括静态比较优势基准和动态比较优势基准,静态比较优势基准是以当前产业结构的相对优势选择主导产业,优先发展具有相对优势的产业部门,根据其与周围产业部门的经济关系,带动周围产业部门的发展,进而形成地区经济共同体。动态比较优势基准是指当前处于比较劣势,但未来可形成比较优势,进而将带动地区产业结构高级化演进的新兴产业作为主导产业。

罗斯托（1962）[①] 从经济主导部门的作用变化以及主导部门交换更替的角度,研究了产业结构演进的规律。他认为,无论

---

① [美]华尔特·惠特曼·罗斯托（Rostow, W. W.）:《经济增长的阶段:非共产党宣言》,国际关系研究室编译所译,商务印书馆 1962 年版。

在任何时期，甚至在一个已经成熟并继续成长的经济体系中，经济增长之所以能够保持，是因为为数不多的主导部门迅速扩大的结果，而且这种扩大又产生了对产业部门的重要作用，即产生了主导产业的扩散效应，包括主导产业对经济增长的前向效应、后向效应及旁侧效应。该理论认为主导产业的扩散效应理应最大，因为主导产业可以将其产业优势向外扩散到其他产业，促进产业结构的升级和优化，推动区域经济的全面、快速发展。罗斯托根据科学技术和生产力发展水平，将经济成长的过程划分为传统社会阶段、为"起飞"创造前提的阶段、"起飞"阶段、向成熟推进阶段、高额大众消费阶段、追求生活质量阶段。与六个经济成长阶段相对应，罗斯托列出了五种主导部门综合体系：（1）作为起飞前提的主导部门综合体系，主要是食品、饮料、烟草、水泥、砖瓦等工业部门；（2）替代进口货的消费品制造业综合体系，主要是非耐用消费品的生产；（3）重型工业和制造业综合体系，如钢铁、煤炭、电力、通用机械、肥料等工业部门；（4）汽车工业综合体系；（5）生活质量部门综合体系，主要指服务业、城市和城郊建筑等部门。

赫希曼在其著作《经济发展战略》一书中提出产业关联度基准，产业关联度是指国民生产部门在其产品供需关系上形成的相互依赖程度。他认为产业关联效应能够说明某一产业对其他产业的感应度强度和影响力强度，能够为本生产部门积累资本和扩大对其他生产部门的影响。[①] 具体衡量指标包括感应度系数和影响力系数，区域内感应度系数和影响力系数均较大的部门可作为主导产业部门。

产业结构的演变具有某些可以观察到的规律性，自觉地推动产业结构循着这种规律所展示的方向转换，就有可能加速经济的成长（王辰，1995）。凌文昌和邓伟根（2004）通过矢量

---

① 艾伯特·赫希曼：《经济发展战略》，经济科学出版社1991年版，第55—59页。

夹角的计算方法测量了中国 1980—2002 年间产业转型系数，认为产业转型实质上是主导产业部门依次更替的过程，同时作者还发现，产业转型速度对经济增长速度和质量均有明显的影响，验证了罗斯托的观点：产业转型的速度加快，则经济增长率和经济增长质量均呈上升趋势；产业转型的速度减缓，则经济增长率和经济增长质量均呈下降趋势。

主导产业选择理论的出现，为主导产业的选择提供了理论指导。例如，郭克莎（2003）基于一系列行业属性，认为工业化新时期的制造业，要兼顾产业升级基本目标和就业增长重要目标，中国新兴主导产业应该是电子及通信设备、电气机械及器材、交通运输设备、纺织和服装、普通机械和专用设备制造业。闫星宇和张月友（2010）建立了现代服务业主导产业选择的指标体系，通过层次分析法对我国现代服务业主导产业进行了选择，认为租赁和商务服务业，信息传输、计算机服务和软件业，教育、文化艺术和广播电影电视业，金融、保险业，批发和零售贸易餐饮业，交通运输、仓储及邮电通信业可确定为我国现代服务业的主导产业。

产业的发展虽然是市场经济运行的结果，但在尊重市场机制的前提下，对主导产业的主动性选择，往往也能取得事半功倍的成效。日本在二战前由政府主导重点发展化学、钢铁、机械、电气等产业，战后则重点发展电子、汽车、化工、装备制造等产业，这些产业选择奠定了现代日本工业体系。韩国现代工业的发展也离不开主导产业的选择，尤其是电子半导体工业、汽车制造、钢铁、造船业等均取得显著成效。唐诗和包群（2016）基于 2000—2007 年工业企业和城市层面开发区的主导产业数据展开实证分析，发现主导产业政策的确有利于当地该产业的企业成长。

实践经验和理论研究表明，在一个经济体之中，尽管各产业都是不可缺少的，但总有一些产业在增长潜力、技术前景、就业功能、经济带动、效率提升等方面占据了领先地位，通过培育成长快、带动力强、经济效益好的主导产业，推动产业结构演变，有助于形成较强的经济增长动力。

（三）中心城市产业转型升级的一般规律

研究产业结构变动对经济增长的影响，具体到推动城市经济发展层面，可以探寻得出中心城市产业转型升级的一般规律。具体而言，从国际主要大都市的经验来看，伦敦、纽约和东京的产业结构都经历了工业比重减少、服务业迅速扩张、生产性服务业占主导的演变过程。

1. 经济加速服务化

纽约、伦敦、东京、香港、新加坡等国际大都市都经历了由制造经济向服务经济转型的过程，形成了以服务业为主的产业结构，服务业产值和就业占比基本超过70%，甚至高达90%。进入后工业化阶段的国际大都市，其产业结构所体现的功能越来越向商贸、金融、信息、文化、教育等综合服务功能转变。这种以服务业为主的产业结构也与国际大都市的功能相匹配，国际大都市主要是服务导向的，而服务业，尤其是现代服务业是国际大都市综合服务功能的产业基础和重要载体。

2. 生产性服务业地位突出

生产性服务业主要向生产者而非消费者提供服务，包括金融、物流、研发、广告、管理咨询，以及法律、会计和审计等服务行业。近年来国际大都市的生产性服务业发展迅速，在城市经济发展中的地位越来越突出。以纽约市为例，20世纪七八十年代以来，纽约产业结构向后工业化时代转型升级，制造业逐步迁出，生产性服务业则持续快速增长。在生产性服务业的带动下，纽约经济再度繁荣。生产性服务业深受集聚经济的影响，大量的生产性服务企业集聚发展，彼此间业务活动紧密联系，共同壮大了国际大都市的生产性服务业，使得高度聚集的生产性服务业成为国际大都市产业结构的重要特征。

3. 制造业加快转型升级

从整体上看，制造业在国际大都市的比重呈下降趋势，但却不会消亡，而是通过向都市型工业转型或向郊区迁移等方式来保持活力，事实上工业依旧是中心城市经济的重要驱动力。都市型工业是一种与传统工业相联系的能耗物耗低、占地少、污染轻、劳动密集度较高，适宜在都市生存与发展的制造行业，如印刷、服装、食品、机械制造以及小件物品（如皮具、玩具等）等行业。目前纽约、东京、新加坡等国际大都市仍然是重要的制造业中心，其市区的制造业基本上转向以都市型工业为主体，服装、印刷、食品、化妆品、机械制造等行业，而大工业则向郊区或周边城镇迁移。

4. 知识密集型产业成为主要发展方向

知识密集型产业对知识的依赖程度较高，主要包括高新技术产业，以及信息产业、文化产业、专业技术（如研发、设计）等知识服务业。知识密集型产业一般处于价值链高端，具有附加值高、用地少、污染轻的特点，因而能够适应国际大都市的商务环境。另外，国际大都市拥有强大的人才、文化、信息和基础设施优势，要比一般城市更有利于知识密集型产业的发展。随着知识服务业和高新技术产业的兴起，近年来纽约、伦敦、东京、香港等国际大都市的产业结构不断向知识密集型的方向转变，在都市经济中的比重不断上升，并在新产业、新产品的发展方面起着主导作用。

二　广州产业结构变动特征分析

（一）三次产业结构变动特征分析

1. 三次产业结构变化情况

1990—2019 年广州产业结构经历了较大变化：第三产业占 GDP 的比重总体上升，由 1990 年的 49.3% 上升至 2019 年的 71.6%，增加 22.3 个百分点；相应地，第二产业、第一产业占

GDP 的比重总体下降,分别由 1990 年的 42.7%、8.0% 下降到 2019 年的 27.3%、1.1%,下降 15.4 个和 6.9 个百分点(见图 3-1)。

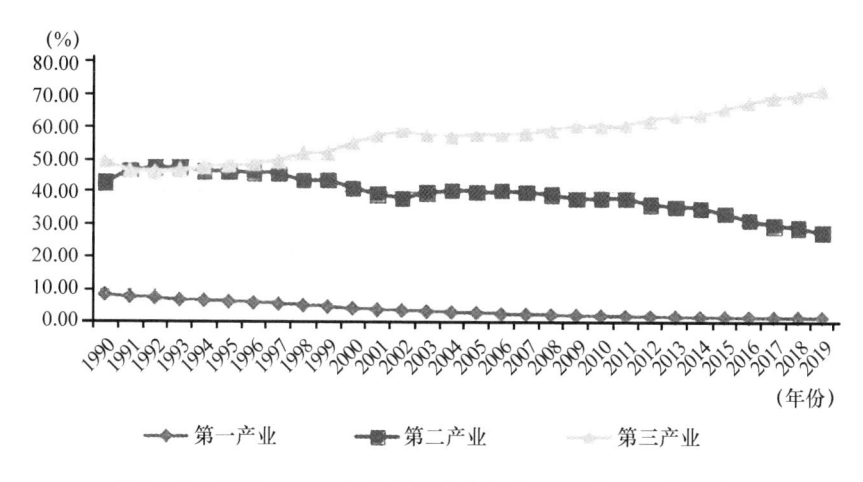

图 3-1 1990—2019 年广州三次产业占 GDP 的比重变化情况

数据来源:历年《广州统计年鉴》。

分区间段来看,随着第三产业稳步快速发展,大体上经历了二三产业齐头并进、三产稳定超过二产并成为经济增长绝对动力的过程。

1991—2000 年,第一产业占 GDP 比重逐步下降,第二产业和第三产业占 GDP 比重大致相当,三次产业结构由 1991 年的 7.29∶46.53∶46.18 调整为 2000 年的 3.77∶41.11∶55.12,服务业逐渐成为国民经济的主导产业。1994 年第三产业占比开始超过第二产业,1998 年第三产业占比首次超过 50%。

2001—2010 年,第一产业占 GDP 比重继续下降,第二产业和第三产业占比相对稳定,产业结构加快调整优化,现代产业体系逐步形成。现代服务业加快发展,2009 年第三产业占比超过 60%,三次产业结构由 2001 年的 3.40∶39.29∶57.31 调整为 2010 年的 1.58∶38.09∶60.33。

2011—2019 年,三次产业结构由 2011 年的 1.48∶37.97∶

60.55 调整为 2019 年的 1.06∶27.32∶71.62，第三产业增加值比重较 2010 年提高 11.3 个百分点。2010 年以来，第三产业占比稳步提升，已成为经济增长的绝对动力。第一产业、第二产业、第三产业增加值分别由 2010 年的 168.62 亿元、4053.30 亿元、6418.75 亿元增加到 2019 年的 251.37 亿元、6454.00 亿元、16923.22 亿元，2011—2019 年年均分别增长 2.9%、7.4%、9.3%。三次产业结构进一步优化调整，第一产业占比变化不大，第二产业占比明显下降，第三产业占比明显上升。

2. 三次产业增速变化及对经济增长贡献情况

从增速变化来看，三次产业增长变动情况大体上一致，均呈现出由高速或较高速增长逐渐减慢的趋势，1990—2010 年增速波动幅度较大，2011—2019 年，第二产业波动中下行仍较为明显，第一产业、第三产业增速较为稳定，经济步入新常态特征较为突出（见图 3-2）。

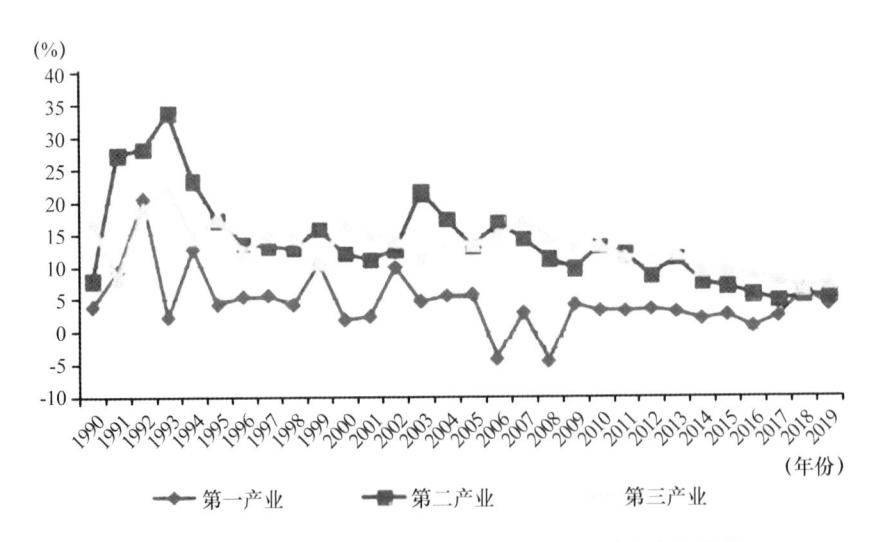

图 3-2 1990—2019 年广州三次产业增加值增速变化趋势

数据来源：历年《广州统计年鉴》。

从三次产业对广州经济增长贡献率来看，第一产业贡献率变化不大，第二产业贡献率由 2010 年的 38.6% 下降到 2019 年

第三章　新常态下广州经济增长动力——基于产业结构的分析

的25.2%，第三产业贡献率则由2010年的61.0%提高到2019年的74.2%，第三产业贡献率稳步增加，对经济增长的拉动作用更为明显（见图3-3）。

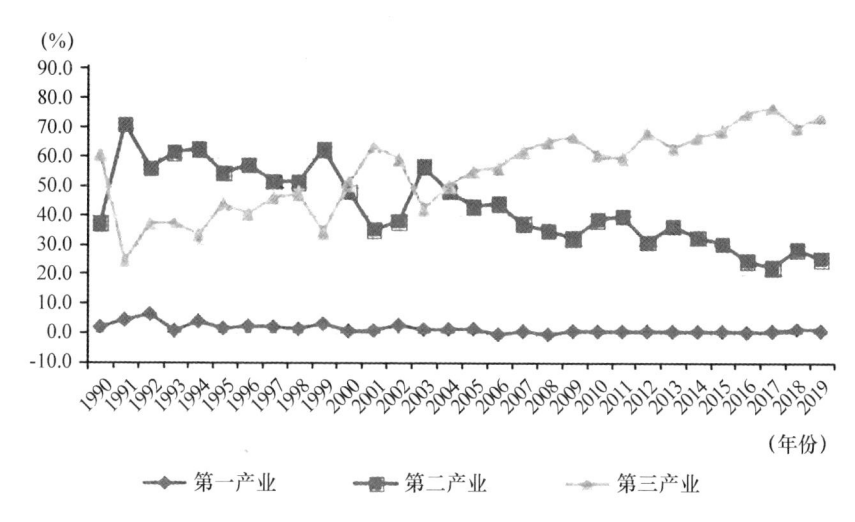

图3-3　1990—2019年广州三次产业对GDP增长贡献率变化情况
数据来源：历年《广州统计年鉴》。

分区间段来看，大体上呈现出第二产业对经济增长首要拉动作用逐渐被第三产业取代的过程。

1991—2000年，第一产业、第二产业、第三产业增加值年均分别增长7.5%、19.6%、15.0%，对经济增长的年均贡献率分别为2.4%、57.9%、39.7%（见表3-1），三次产业中第二产业对经济增长的拉动作用更为突出。

2001—2010年，第一产业、第二产业、第三产业增加值年均分别增长2.8%、14.0%、14.0%，对经济增长的年均贡献率分别为0.6%、40.9%、58.5%，相比前一个十年，第三产业逐渐取代第二产业成为拉动经济增长的第一动力。第一产业进入低速增长阶段。虽然第二产业和第三产业仍保持两位数增长，但第二产业增长速度减慢较为明显，第三产业增长基本与前十年大体相当。

2011—2019年，第一产业、第二产业、第三产业增加值年均分别增长2.9%、7.4%、9.3%，对经济增长的年均贡献率分别为0.4%、30.2%、69.4%，在经济增长逐步迈入新常态的大背景下，第三产业对经济增长的拉动作用相比前十年更加突出。第二产业增速减慢的趋势较第三产业更为明显，这主要是由于工业经济总量大，迈上新台阶后增速趋缓，工业增加值由2011年的4208.99亿元上升至2019年的5722.94亿元，2011—2019年年均增长7.7%，比同期GDP年均增速低0.9个百分点。2015年、2016年、2017年、2018年、2019年工业增加值分别增长7.0%、6.2%、5.2%、5.5%、4.8%，增长速度步入中低速增长区间。

表3-1　　　　　不同时期三次产业对广州经济增长贡献率　　　　　单位:%

年份	第一产业	第二产业	第三产业
1991—2000	2.4	57.9	39.7
2001—2010	0.6	40.9	58.5
2011—2019	0.4	30.2	69.4

数据来源：历年《广州统计年鉴》。

3. 广州与其他区域产业结构变化比较

（1）第一产业比重变化

1990—2019年，广州第一产业占GDP比重逐年下降，走势与全国、广东、北京、上海一致（见图3-4、图3-5）。随着工业和服务业的快速增长，第一产业在超大城市GDP中的占比份额越来越低，2019年广州、北京、上海第一产业占比为1.06%、0.3%、0.3%，分别较1990年下降7.0、8.4、4.1个百分点。

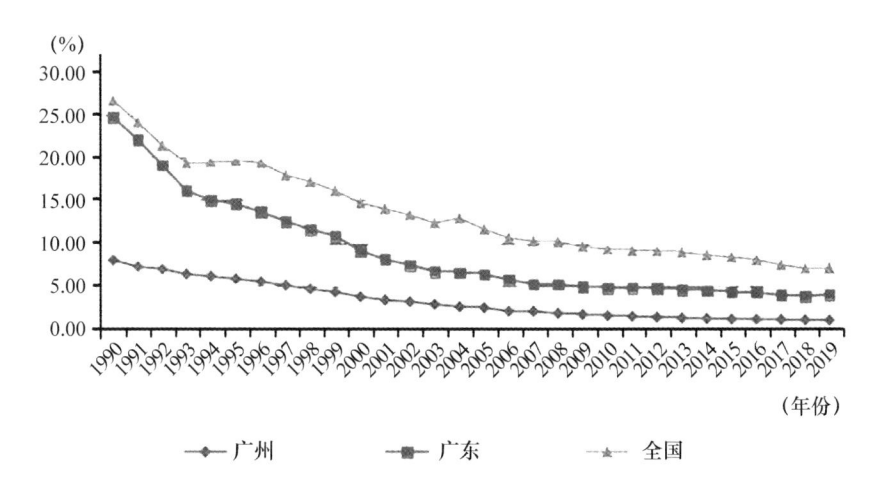

第三章　新常态下广州经济增长动力——基于产业结构的分析　99

图 3-4　1990—2019 年广州与全国、广东第一产业比重变化比较
数据来源：历年《广州统计年鉴》《中国统计年鉴》《广东统计年鉴》。

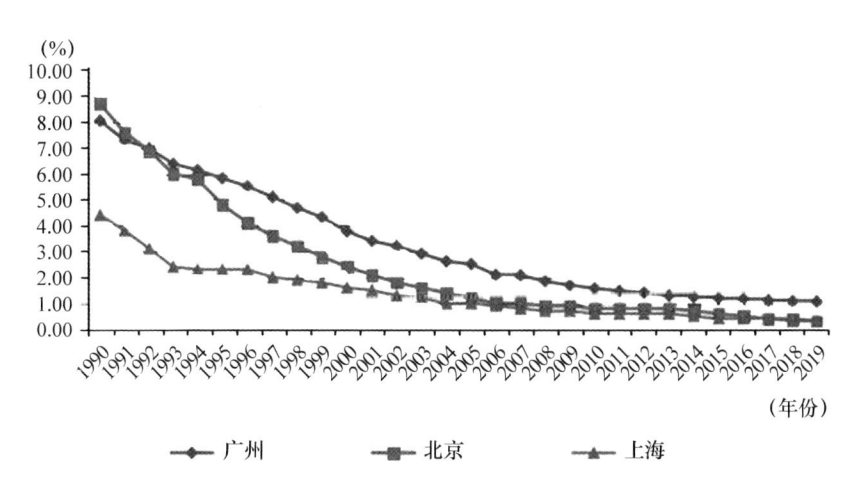

图 3-5　1990—2019 年广州与北京、上海第一产业比重变化比较
数据来源：历年《广州统计年鉴》《北京统计年鉴》《上海统计年鉴》。

（2）第二产业比重变化

1990—2019 年，广州第二产业占 GDP 比重基本上呈现出先升后降的变化，与全国、全省走势特征较为相似（见图 3-6）。1990—1992 年，广州第二产业占比高于全国、全省，1993 年广东第二产业比重超过广州,1995年全国第二产业比重超过广州。北京、上海自20世纪90年代以来,第二产业占GDP比重呈下降趋势。总体而言,随着服务经济的作用越来越突出,超大城市第二产业在GDP中的份额均有所下降,2019年北京、上海、广州第二产业占比为16.2%、27.0%、27.3%,分别较1990年下降36.1、37.7、15.3个百分点(见图3-7)。

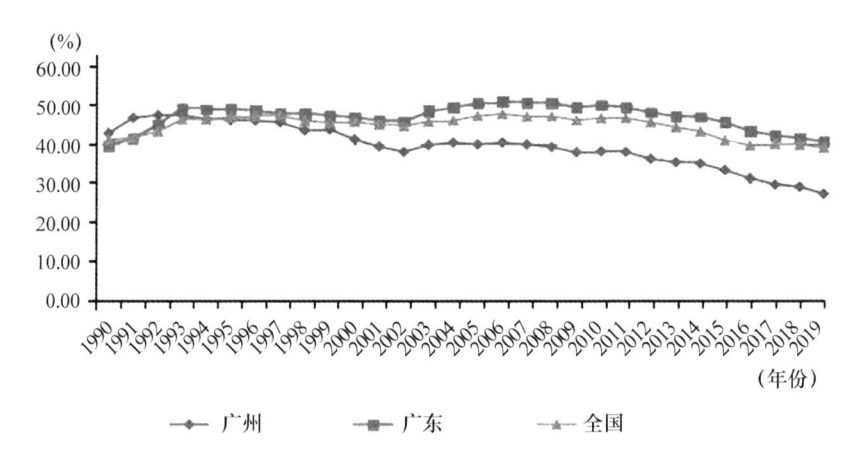

图3-6 1990—2019年广州与全国、广东第二产业比重变化比较

数据来源:历年《广州统计年鉴》《中国统计年鉴》《广东统计年鉴》。

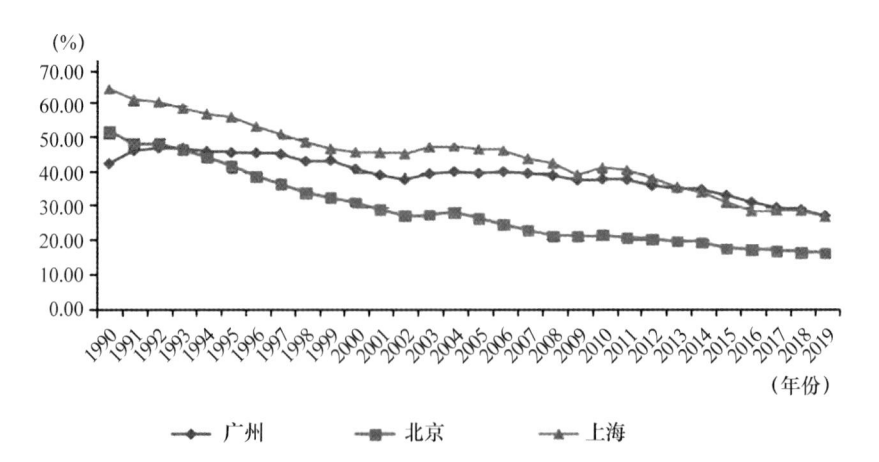

图3-7 1990—2019年广州与北京、上海第二产业比重变化比较

数据来源:历年《广州统计年鉴》《北京统计年鉴》《上海统计年鉴》。

第三章 新常态下广州经济增长动力——基于产业结构的分析

(3) 第三产业比重变化

1990—2019 年,广州第三产业占 GDP 比重总体呈上升趋势,走势与全国、全省基本一致(见图 3-8),上升幅度低于北京、上海。2019 年广州、上海、北京第三产业占 GDP 比重为 71.6%、72.7%、83.5%,分别较 1990 年增加 22.3、41.8、44.5 个百分点(见图 3-9)。

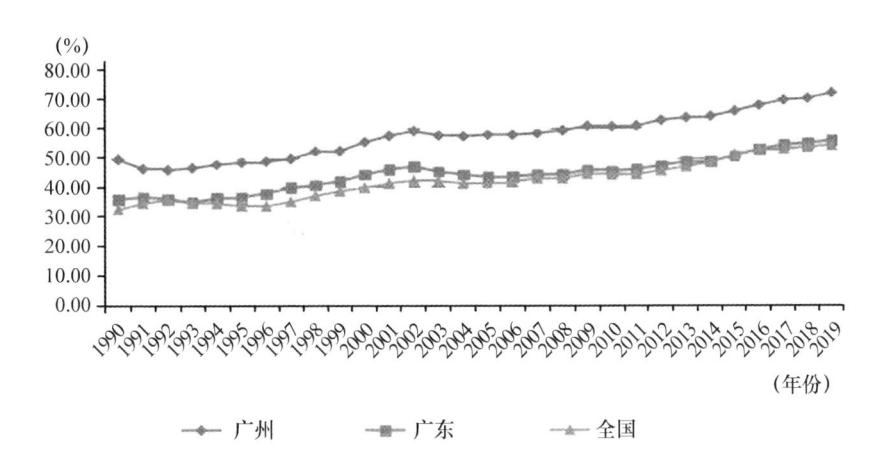

图 3-8　1990—2019 年广州与全国、广东第三产业比重变化比较

数据来源:历年《广州统计年鉴》《中国统计年鉴》《广东统计年鉴》。

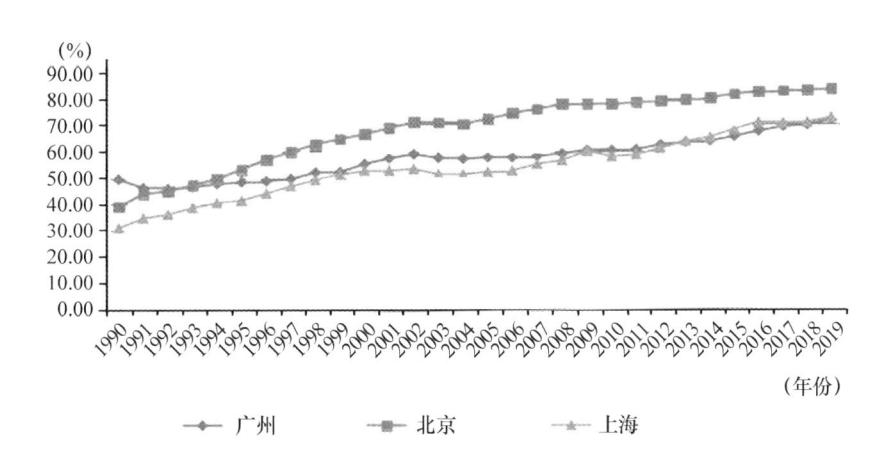

图 3-9　1990—2019 年广州与北京、上海第三产业比重变化比较

数据来源:历年《广州统计年鉴》《北京统计年鉴》《上海统计年鉴》。

（二）工业结构变动特征分析

聚焦 IAB、NEM 重点产业，广州引进富士康、思科、LG 等一批企业项目，工业内部结构优化升级，逐渐向高端化发展，2019 年先进制造业和高技术制造业增加值占规模以上工业增加值的比重分别为 57.0% 和 13.7%，高新技术产品产值占规上工业总产值的比重提高到 49.0%。

1. 工业结构变化情况

近年来广州工业结构快速调整，总体特征表现如下。

一是工业重型化趋势明显。轻重工业产值比重由 1990 年的 63.97∶36.03 优化调整为 2019 年的 30.32∶69.68（见图 3-10）。纺织、酒和饮料、食品等传统轻工行业增长放缓，占工业总产值比重有所下降。汽车制造等重大装备产业实力不断增强，输变电设备、海洋工程、楼宇装备、包装装备等领域生产能力居全国前列，输变电设备制造业工业总产值约占全省五成，轨道交通装备、智能制造等高端制造领域优势明显，广州电力机车有限公司自主研发能力全国领先，日松等龙头企业在机器人领域具有全国影响力。

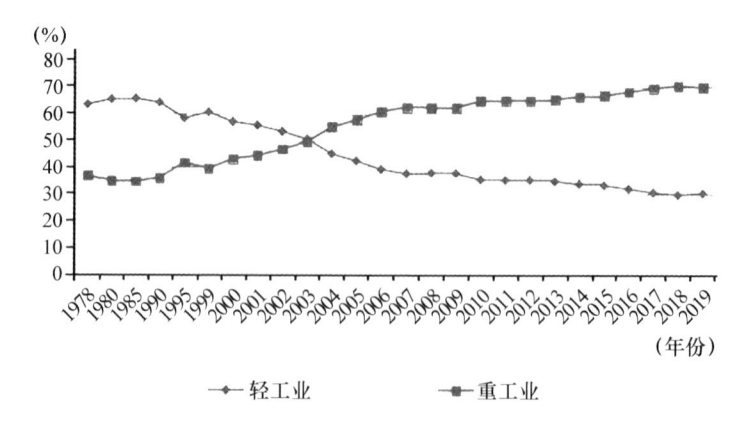

图 3-10 1978—2019 年广州轻重工业产值占工业总产值的比重变化情况

数据来源：历年《广州统计年鉴》。

二是支柱产业支撑作用突出。广州汽车、石化和电子三大支柱产业经过多年快速发展，整体产业链较为完整，内部结构也逐步完善，对全市工业经济增长起着重要的支撑作用。2019年规模以上汽车制造业、电子产品制造业和石油化工制造业三大支柱产业共完成工业产值9870.02亿元，占全市规模以上工业总产值的50.5%，对全市工业增长起着重要的支撑作用（见图3-11）。其中，汽车制造和电子信息保持较快增长态势，2011—2019年平均增长8.1%和10.1%；石油化工有所放缓，2011—2019年平均增长5.4%。此外，电气机械及器材制造业、医药制造业、通用专用设备制造业、电力热力生产和供应业也保持了较好增长势头，2011—2019年平均增长11.8%、9.9%、9.3%和8.7%。

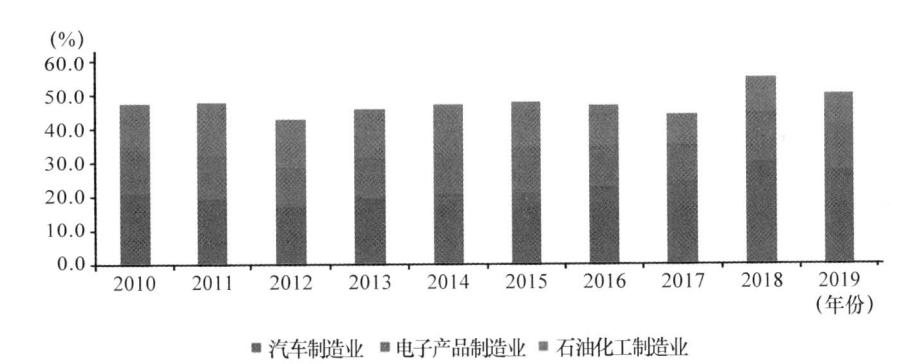

图3-11 2010—2019年广州三大支柱工业产值占工业总产值比重变化情况

数据来源：历年《广州统计年鉴》。

从主要工业行业产值占比来看，2010—2019年，汽车制造业、通用专用设备制造业和医药制造业、电力热力生产和供应业、电子产品制造业、医药制造业产值占规上工业总产值比重增加（见表3-2），2019年占比较2010年分别提高了6.7、1.8、1.6、0.9、0.6个百分点；石油化工制造业、铁路船舶航空航天和其他运输设备制造业、电气机械及器材制造业比重有所减少，2019年占比较2010年分别下降了5.1、2.1、0.4个百分点。

表3-2　2011—2019年广州规模以上工业主要行业工业总产值占比情况　　单位:%

工业	2011年	2012年	2013年	2014年	2015年	2016年	2017年	2018年	2019年
汽车制造业	19.3	16.9	19.3	20.7	20.2	22.2	24.4	30.1	27.7
电子产品制造业	13.0	11.7	12.2	12.4	14.9	14.8	10.9	14.6	13.6
石油化工制造业	15.9	14.6	14.8	14.6	13.7	12.5	9.2	10.7	9.2
电力、热力生产和供应业	6.2	14.0	6.9	7.4	7.7	7.4	20.6	7.9	8.0
电气机械及器材制造业	4.9	4.7	5.3	5.6	5.9	6.1	4.0	4.9	4.8
通用专用设备制造业	4.0	4.5	4.8	4.5	4.6	4.2	4.1	4.9	5.7
铁路、船舶、航空航天和其他运输设备制造业	4.0	3.5	3.2	3.4	2.7	2.6	1.9	1.1	2.0
医药制造业	1.1	1.3	1.4	1.4	1.4	1.4	1.4	1.7	1.8

数据来源:历年《广州统计年鉴》。

三是高新技术产业发展迅速。2019年规模以上工业高新技术产品产值9407.77亿元,占全市规模以上工业总产值比重由2010年的38.5%稳步上升到2019年的49.0%。IAB产业加快成长,以富士康10.5代显示器全生态产业园、思科智慧城为代表的新一代信息技术项目加快建设,科大迅飞、亚信科技等一批人工智能企业落户广州,GE生物产业园、百济福州生物医药项目开工建设,医疗仪器设备产量实现两位数增长。新技术、新产品带动新一代信息技术、新材料与精细化工、生物与健康等新兴产业加速壮大,光电子器件、锂离子电池产量快速增长,达安基因、万孚生物等企业营业收入均保持两位数以上增长。

2. 主要工业行业增长变化情况

2011—2019年增长势头较好的是电气机械及器材制造业和

电子产品制造业（见表3-3），年均保持两位数增长，分别达到11.8%、10.1%，医药制造业、通用专用设备制造业、电力热力生产供应业、汽车制造业等行业也保持了8%以上的较快增长。

表3-3 2011—2019年广州规模以上工业主要行业工业总产值增长情况   单位：%

工业	2011年	2012年	2013年	2014年	2015年	2016年	2017年	2018年	2019年
汽车制造业	3.4	-6.3	24	10.3	6	12.6	17.4	6.1	-0.5
电子产品制造业	11.5	16.1	16.6	7.4	20.6	7.9	3.2	2.8	5.2
石油化工制造业	23.8	10.6	7.3	8	2.2	-0.3	-4.8	-0.2	2.2
电力、热力生产和供应业	11.4	10.6	7.6	14.9	6.8	4.5	3.3	11.5	8.1
电气机械及器材制造业	5.6	26.7	15.2	12	8.7	9.2	12	9.2	7.9
通用专用设备制造业	21.3	22.7	12.1	-0.4	5	-3.5	4.8	5.3	16.7
铁路、船舶、航空航天和其他运输设备制造业	29.1	0.8	-3.2	11.2	4.5	17	-16.6	-4.6	13.8
医药制造业	15.2	23.9	11.9	4.7	0.2	10	2.3	8.1	13.3

数据来源：历年《广州统计年鉴》。

汽车制造业。2011—2019年汽车制造业工业总产值年均增长8.1%，2019年工业总产值达5412.27亿元，形成了以轿车为龙头，客车、货车、专用车及汽车零部件共同发展的完备产业链。区域品牌竞争力较强，汽车产业重点项目也不少，企业自身前景看好，国内汽车市场需求旺盛。广汽本田、广汽丰田保持两位数增长，自主品牌广汽传祺增长迅猛，广汽菲克、东风日产均增长良好。主要车型中，传祺 GS8、冠道等新车型销售畅旺，传祺 GS4、汉兰达等销售热度不减。受国家经济环境、汽车产业发展规律以及汽车行业管控的影响，产业智能化和互联化使生产制造方式和商业模式发生了新的变化，尽管汽车制造业产值近年来增长波动明显，但总体上保持了较快增长。

电子产品制造业。2011—2019 年电子产品制造业工业总产值年均增长 10.1%，2019 年工业总产值达 2657.40 亿元。在新增生产线带动下，乐金显示面板工厂和模组工厂快速增长，捷普电子、创维显示均保持两位数增长。电子产品制造业目前正处于新旧动力转换阶段，围绕移动设备、计算机为核心的电子类企业保持稳定发展，以新一代信息技术为主的企业进入快速发展阶段。广州电子类制造业产业体系较为完善，综合产业竞争力较强，但也面临重点项目不多和存量经济有所回调的挑战。

石油化工制造业。2011—2019 年石油化工制造业工业总产值年均增长 5.4%，2019 年工业总产值 1800.35 亿元。石油化工产品应用范围广泛，产品创新、技术创新依旧空间较大，新项目也不断涌现。目前石油化工制造业进入较为成熟的发展阶段，结构性问题较为突出，传统产品普遍存在产能过剩，但高技术含量的化工新材料、高端专用化学品供给不足，工程塑料、高端聚烯烃塑料、特种橡胶、电子化学品等高端产品存在较大发展前景。宝洁、安利等外资日化企业受市场竞争和电商挤压，增长受到明显影响，但立白、浪奇等本地精细化工企业仍保持较快增长。

电气机械及器材制造业。2011—2019 年电气机械及器材制造业工业总产值年均增长 11.8%，2019 年工业总产值 943.03 亿元。国内配电网建设改造力度进一步加大，特高压输电、智能电网、轨道交通等对相关配用电工程需求旺盛。广州近年来输变电设备制造业优势比较明显，以白云电器、新科佳都等企业为代表，开关控制设备和变压器制造业均位居全国前列。东方电气以广州南沙为基地，已建成并投产，具有年产 2 套百万千瓦级核承压设备生产能力；广州英格发电机有限公司可生产 800KW 风力发电机组。受益于前期高库存逐渐消化，空调等家电销售持续回暖，万宝集团、松下均保持快速增长。

医药制造业。2011—2019 年医药制造业年均增长 9.9%，2019 年工业总产值 348.30 亿元。龙头企业广药集团位居中国企业 500 强第 219 位，是全国最大的制药企业集团，集团着力打造大南药、大健康、大商业、大医疗等"四大板块"。在龙头企业快速发展的带动下，广州医药制造业保持较快增长。

此外，新一代信息技术、人工智能、生物医药加快成长。以富士康 10.5 代显示器全生态产业园、思科智慧城为代表的新一代信息技术项目加快建设，光电子元器件、移动通信基站设备产量增长迅猛。以科大迅飞、亚信科技为代表的人工智能企业落户广州，广汽智能网联新能源汽车项目加快建设，工业机器人产量快速增长。成功举办第十届中国生物产业大会，GE 生物产业园、百济福州生物医药项目开工建设，医疗仪器设备产量实现两位数增长。

（三）服务业结构变动特征分析

1. 服务业结构变化情况

服务业内部结构加快优化，金融、物流、会展、创意设计等新兴服务业迅速成长，现代服务业占服务业增加值的比重由 2009 年的 58.9% 提高到 2019 年的 65.9%。

服务业结构变化呈现出以下特点。

一是传统服务业表现有所分化，其中批发零售业占比有所提高，交通运输业、住宿餐饮业占比有所下降。2019 年批发零售业、交通运输仓储和邮政业、住宿和餐饮业占 GDP 的比重分别为 13.7%、5.8%、1.9%（见表 3-4），批发零售业占比较 2010 年增加 1.1 个百分点，交通运输仓储和邮政业、住宿和餐饮业比重较2010年分别下降了1.1、0.9个百分点。

二是现代服务业加快发展,房地产业、金融业、信息服务业三大现代服务业比重均有提高。2019年房地产业、金融业、信息服务业占GDP的比重分别为11.2%、8.6%、5.6%,较2010年分别增加4.0、2.4、1.6个百分点。

表3-4　　2011—2019年广州服务业主要行业增加值占比情况　　单位:%

服务业	2011年	2012年	2013年	2014年	2015年	2016年	2017年	2018年	2019年
批发和零售业	12.8	14.0	14.7	15.0	14.9	14.6	14.6	14.4	13.7
交通运输、仓储和邮政业	6.7	6.9	6.6	6.8	6.9	7.0	7.1	6.9	5.8
住宿和餐饮业	2.8	2.8	2.7	2.7	2.2	2.2	2.1	2.0	1.9
信息传输、软件和信息技术服务业	3.9	3.8	3.5	3.0	3.2	3.6	4.9	6.3	5.6
金融业	6.9	7.2	7.4	8.5	9.0	9.2	9.3	9.1	8.6
房地产业	7.2	7.6	8.7	8.2	8.5	8.9	8.5	8.3	11.2

数据来源:历年《广州统计年鉴》。

2. 主要服务业增长变化情况

近年来信息服务业、金融业、物流业、批发零售业增长较快(见表3-5)。2011—2019年,前述四大服务业年均分别增长14.4%、11.1%、9.7%、9.5%。

表3-5　　2011—2019年广州服务业主要行业增长情况　　单位:%

服务业	2011年	2012年	2013年	2014年	2015年	2016年	2017年	2018年	2019年
批发和零售业	12.2	17.2	17.3	9.6	7.3	5.1	5.0	4.7	6.3

续表

服务业	2011年	2012年	2013年	2014年	2015年	2016年	2017年	2018年	2019年
交通运输、仓储和邮政业	11.7	17.8	7.8	11.1	7.5	12.6	11.5	5.3	5.4
住宿和餐饮业	-0.4	5.2	5.2	4.2	1.4	2.3	0.8	1.7	2.7
信息传输、软件和信息技术服务业	11.8	11.2	4.2	8	12.5	17.7	24.6	28.5	12.4
金融业	21.4	11.2	10.7	10	14.2	11.1	8.6	5.7	8.2
房地产业	4.3	14.9	19.6	6.3	6.1	8.7	-0.9	0.6	8.8

数据来源：历年《广州统计年鉴》。

批发和零售业。2019年实现增加值3237.68亿元，2011—2019年年均增长9.5%，占GDP的比重由2010年的12.6%提高到2019年的13.7%。商贸业稳步增长，食品和用品类商品零售额增速提高，品质和健康消费类需求旺盛，网上购物表现活跃。以网上零售为代表的新业态较快发展，但随着规模扩大，增长势头有所放缓。消费升级类商品旺销，日用品类、化妆品类、中西药品类和金银珠宝类等与居民消费质量提升、品质改善相关行业保持较快增长。出行类商品增势向好，汽车类商品零售额增速加快。受网上消费冲击、有效需求不足和缺乏新的消费增长点等影响，传统批发零售业增长有所放缓，而跨境贸易、电子商务等新兴业态保持较快增长。受全球经济不景气导致珠三角制造业增长放缓、全球大宗商品价格走低等影响，批发和零售业总体上增长有所放缓。

交通运输、仓储和邮政业。广州加大国际航运中心、国际物流中心建设，物流业保持稳定增长。航空、港口枢纽运行良好。2019年实现增加值1372.64亿元，2011—2019年年均增长9.7%。城市配送物流发展较快，成为首批"国家现代物流技术应用和共同配送综合试点城市"之一,培育出嘉诚物流、林安物流等一批行业领军企业。新引进中远海运散货、东方航空广东分公司、美国联邦快递(广州菲德客斯物流有限公司)、龙浩航空、中通快递华南总部等一批交通枢纽企业。南方航空、广铁集团、风神物流、白云国际物流等企业平稳发展,一批重大交通枢纽工程建成使用,国际运力明显增强,电子商务带动快递等邮政业务快速增长。

住宿和餐饮业。2019年实现增加值449.12亿元,2011—2019年年均增长2.5%。网上点餐方式广受欢迎,大众餐饮消费有望继续保持稳定增长,居民出游习惯发生变化,境外旅游和周边旅游以及尝试体验旅游呈现高速发展,旅游业快速发展将带动住宿业实现平稳发展。

信息服务业。2011—2019年年均增长14.4%,占GDP的比重由2010年的4.0%提高到2019年的5.6%。随着新一轮工业革命的推进以及广州"智慧城市"建设的逐步深化,信息服务领域"云"(云计算)、"物"(物联网)、"移"(移动互联网)、"大"(大数据)、"智"(智能智慧服务)实现快速发展。

金融业。2019年实现增加值2041.87亿元,2011—2019年年均增长11.1%,占GDP的比重由2010年的6.2%提高到2019年的8.6%。跨境金融、航运金融、融资租赁、互联网金融、财富管理等金融业态快速发展,带动金融业较快增长。金融业运行态势良好,银行业机构存贷款余额保持较快增长,金融支持实体经济能力增强。南沙金融创新15条政策、自贸区金融先行先试政策获批实施为广州金融业发展带来重要契机和新的发展动力。上交所南方中心、深交所和新三板广州服务基地建成运营,广州期货交易所获批设立。广州航运交易所大力开展第三方支付、进出口贸易和代理、投资管理、碳交易、船舶交易服务等金融模式创新。穗通公司融合国际先进的物联网、北斗定位导航、无线射频、钞票冠字号定位追踪等技术手段,在行业内首创"技术+安全"的金融服务模式,建设的 ATM 综合业务管理平台、现金服务管理平台处于国内领先水平,成为国内首家专业金融业务外包服务公司。广州易联商业服务有限公司、广州市易票联电子商务有限公司等多家公司获得支付业务许可证。广州碳排放权交易所已成为全国最大的区域性碳市场交易平台。

房地产业。2019 年实现增加值 2648.92 亿元,2011—2019 年年均增长 7.4%,占 GDP 的比重由 2010 年的 7.2% 提高到 2019 年的 11.2%。广州坚持"房子是用来住的、不是用来炒的"定位,以稳地价稳房价稳预期为目标实施调控,持续优化房地产调控,改革完善住房市场体系和住房保障体系,市场实现平稳健康发展,2011 年以来一手住宅成交量基本保持在 1000 万平方米左右的水平。

三 新常态下广州产业结构变动趋势判断

(一) 新常态下我国产业结构变化趋势判断

1. 服务经济增长快于工业经济

改革开放以来,在快速推进工业化过程中,工业经济一直是我国经济主体力量。随着服务业快速增长,第三产业比重逐渐增加,1985 年,第三产业占 GDP 比重(29.4%)首次超过第一产业占比(27.9%);2012 年,第三产业比重(45.5%)与第二产业占比(45.4%)相当,并开始超越第二产业,成为拉动经济增长的第一动力(见图 3-12)。2015—2019 年第三产业占 GDP 比重分别为 50.8%、52.4%、52.7%、53.3%、53.9%,服务经济占主导地位的时代已经到来。服务经济比重的提升对我国经济会产生多方面的影响,如经济增速由高速转向中高速、就业压力减轻、能耗水平下降、生活品质提高等。

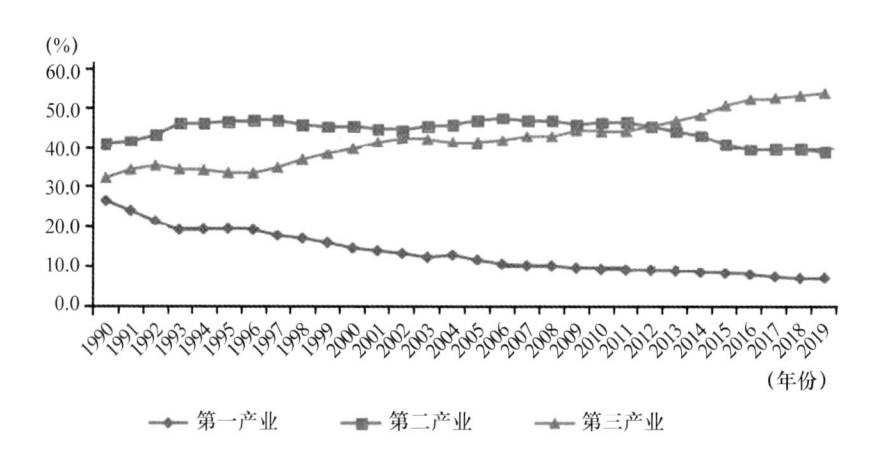

图 3-12 1990—2019 年我国三次产业占 GDP 的比重变化情况

数据来源：历年《中国统计年鉴》。

2. 经济增长主要动力从第二产业转移到第三产业

20世纪90年代，第二产业是我国经济增长的主要拉动力，1991—2000年对经济增长的平均贡献率达61.5%（见表3-6）。2000—2019年，总体上第二产业的贡献率有所下降，第三产业的贡献率不断提高（见图3-13），2014年第三产业贡献率（49.9%）开始超过第二产业贡献率（45.6%）并逐年拉开差距，成为拉动经济增长的主要动力。2019年第二产业的贡献率为36.8%，第三产业的贡献率达到59.4%。

表 3-6 不同时期三次产业对我国经济增长贡献率 单位:%

年份	第一产业	第二产业	第三产业
1991—2000	7.0	61.5	31.5
2001—2010	4.4	51.4	44.2
2011—2019	4.3	42.0	53.7

数据来源：历年《中国统计年鉴》。

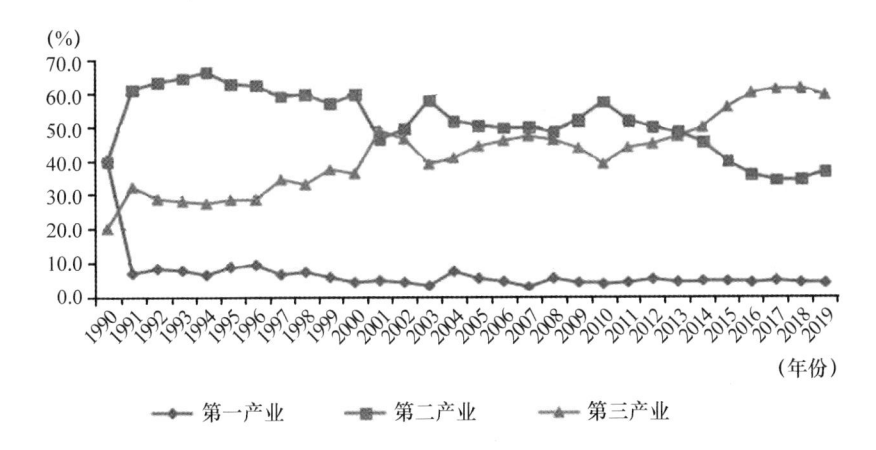

图 3-13　1990—2019 年我国三次产业对 GDP 增长贡献率变化情况

数据来源：历年《中国统计年鉴》。

3. 产业转型升级加快、加深

经济增长速度总体有所放缓，一方面，将极大压缩传统产业的生存空间，加速传统产业的转型或消亡；另一方面，偏紧的产业发展生态，将刺激产业创新，促进新产业、新技术、新业态、新模式发展，预计新能源新材料、新一代信息产业、生物医药产业等将蓬勃发展。特别是"互联网+"的快速推广和应用，不仅将彻底改变生产，也将彻底改变生活，使产业发展生态发生根本性变革，产业转型升级的广度和深度都将达到前所未有的水平。

（二）新常态下广州产业结构变动影响因素分析

1. 产业升级面临市场需求减弱挑战

21世纪以经济全球化、政治多极化、社会信息化和文化多元化为基本特征，"四化"相互交织、互为推动加速了全球网络的形成，世界成为一个巨大的网络空间。人流、物流、资本流、技术流和信息流等市场要素在全球网络中充分流转和重新配置，并通过国家之间、区域之间、城市之间现实力量、资源要素的综合对比与配置组合不断建立和形成世界政治经济的新格局。

世界经济结构和秩序整体处于深度裂变期,无论是发达经济体还是新兴经济体,增长动能都有减弱迹象,下行风险显著上升,国际政治经济的"黑天鹅""灰犀牛"事件仍难以预测。

外需持续萎缩与内需增势放缓叠加,需求弱化对产业转型升级和高质量发展带来一定影响。从国际看,全球经济处于低速增长区间,总体呈现出人口增速下降(Depopulation)、生产增长乏力(Declining Productivity)、债务水平居高不下(Debt)、去全球化(Deglobalization)的"4D"特征,不确定性因素增多,风险日益加深。

国内消费作为三大需求中的第一增长动力,正逐步由"从无到有"的低阶高速增长阶段,过渡到"从有到好"的高阶平稳升级阶段,而目前正处于新老消费交替的过程中,以汽车、房地产相关消费为代表的传统大额消费意愿已开始下降,而高端消费、新兴消费等规模潜力尚未完全释放。多重因素制约下,未来消费升级引领产业升级的作用仍显不足。一是居民收入增速逐步放缓。近年来我国居民收入增速呈现下滑态势,收入下滑引发消费支出放缓,中高端消费和服务消费支出放缓则更为明显。二是居民杠杆率快速提升。中国居民杠杆率从2015年的39.2%提高到2019年上半年的54.3%,这一指标由2008年的不到20%上涨到2019年的超过50%,贷款还本付息压力增大,再加上医疗、教育等大额刚性支出,相当一部分居民处于"有钱不敢花"的境况之中。三是边际消费倾向递减。随着人口增长放缓、城市化速度减弱以及人口老龄化加剧,我国人均消费支出增速与人均可支配收入增速之间的差距逐步扩大,消费政策边际倾向呈递减趋势,成为制约消费增长的另一大因素。

2. 新一轮科技革命和产业变革加速推进

在科技革命加速、经济格局变革、治理规则重构等因素的推动下,全球新一轮产业分工和贸易格局正在重塑,特别是中美经贸摩擦常态化将对全球产业链、价值链、供应链产生深远影响，推动全球产业分工格局重构。技术创新加快发展、技术进步持续深化，不断推动城市产业结构变化，呈现出快速变动特征。

以新一代信息技术快速发展为动力的交叉融合对全球产业结构产生颠覆式影响。产业物联网、云计算、大数据与软件智能系统、可穿戴设备与智能决策成为对产业创新发展最具颠覆力的新兴技术领域。大数据、新一代互联网、健康产业、生物技术、新能源、智能制造等成为发展前景最为引人注目的新兴产业领域。企业创新进入3.0模式，用户参与创新的深度和广度前所未有，大大提升了创新成果产出和市场化的效率。"大规模制造"逐步走向"大规模定制"，分散化、个性化、网络化的产业组织时代即将来临。产业创新生态的构建成为新兴产业崛起的关键。劳动力成本在产业竞争力中的地位下降，知识产权、设计、软件、品牌等非物质因素对产业竞争力的影响大幅提高。创新型企业在制造商、服务者和用户之间形成创新生态系统，利益相关者共建平台、共享资源、相互依赖、共同创造并分享新价值和利润，在短时间内成长为新兴跨国企业。

5G商用全面启动，"智能+"消费生态体系加快构建。5G全面商用将推动人工智能（AI）、区块链（Blockchain）和云计算（Cloud Computing）三大科技产业加速发展。利用5G技术对有线电视网络进行改造升级，将实现居民家庭有线无线交互，大屏小屏互动。"互联网+"消费生态体系不断完善，"智慧商店""智慧街区""智慧商圈"不断涌现，线上线下融合的新消费体验馆持续促进消费新业态、新模式、新场景的普及应用。"互联网+社会服务"消费模式促进教育、医疗健康、养老、托育、家政、文化和旅游、体育等服务消费线上线下融合发展。在2020年新冠肺炎疫情突发影响下，社会经济活动短暂停摆，不同行业均受到不同程度影响的同时，也促进了"云经济"的发展，智慧型城市管理和高新技术嵌入的行业需求将提升，围绕 AI、5G、大数据、VR/AR 等技术将产生新的商机，在线生活方式加速崛起。

在新技术革命的影响下，城市产业发展将呈现以下趋势：一是产业结构知识化。世界产业结构正由过去的刚性结构逐步向柔性结构转化，即由生产重、厚、长、大为主的重型化的生产技术结构，向以高效、智能、知识、信息、服务为主的软型化转变。二是产业体系融合化。随着"互联网＋"深入推进，平台经济、分享经济、协同经济、体验经济等新模式快速发展，线上线下融合、产业之间融合特征明显。三是产业分布集群化。城市产业集群作为一种为创造竞争优势而形成的产业空间组织形式，它具有的群体竞争优势和集聚发展的规模效益是其他形式无法比拟的。四是产业竞争全球化。在经济全球化趋势下，世界各大城市的产业体系逐步深入到全球范围内，产业竞争优势某种程度上取决于上下游产业的跨国界关联互动关系，使城市的产业日益突破城市内的市场和资源约束，面向国际市场进行战略选择。

3. 广州正全力加快全球城市建设

20世纪80年代初，广州领风气之先，率先冲破传统体制的束缚，成为中国改革开放的前沿地和排头兵。建成区从60多平方公里拓展到1200多平方公里，扩大了近20倍，随着机场、港口、会展中心、大学城、知识城等一批国际化枢纽设施平台建成启用，广州进入了世界巨型城市的行列；完成了从轻纺工业向重化工业的历史跨越，形成了以汽车、石化、电子信息为支柱的现代大工业体系。

当前，广州正处于由国家重要中心城市迈向全球重要节点城市、由单向开放城市迈向双向开放城市、由单一中心城市迈向巨型城市区域、由一般要素驱动城市迈向高端要素驱动城市的新的发展阶段。中国社会科学院城市与竞争力研究中心和联合国人居署共同推出的全球城市竞争力研究显示，广州已经迈入全球最具竞争力城市行列。广州投资建设了马来西亚马六甲海洋工业园、沙特吉赞经济城等海外园区，思科、GE、富士康、中国中铁、中国国新央企基金、亚信数据、联邦快递等产业巨头也陆续布局广州。从空间、交通、产业、城镇体系等维度来看，广州携领佛（山）、肇（庆）、清（远）、云（浮）、韶（关）等周边区域显示出巨型城市区域的特征。广州已从低成本土地和劳动力驱动发展阶段转向制度文化、高端投资和创新驱动发展阶段，综合产业体系功能逐渐完善，已形成汽车、石油化工、电子、电气机械及器材制造、电力热力生产供应、交通运输、批发零售、金融、租赁和商务服务等10个千亿级产业集群。面向未来，广州正加快战略新兴产业布局，改造提升传统优势产业，集聚更多高端要素资源，打造以IAB为代表的高端高质高新现代产业新体系。

粤港澳大湾区建设提速，广州核心引擎作用将更加凸显。伴随我国经济规模的持续扩大，经济发展进一步突破空间约束的内在要求不断增强，区域经济一体化明显呈加快趋势。《国家发展改革委关于培育发展现代化都市圈的指导意见》《中共广东省委 广东省人民政府关于贯彻落实〈粤港澳大湾区发展规划纲要〉的实施意见》《中共广东省委 广东省人民政府关于构建"一核一带一区"区域发展新格局促进全省区域协调发展的意见》等一系列政策文件为珠三角城市群合作与发展明确了指导方向，提供了良好的政策环境。随着粤港澳大湾区规划的实施和港珠澳大桥、南沙大桥、深中通道及轨道交通等重大基础设施的建设与启用，粤港澳大湾区正加速一体化，基础设施互联互通、产业创新协同发展、社会治理融合互补，大湾区正成为我国建设世界级城市群和参与全球竞争的重点区域，成为深化改革开放、构建开放型经济新体制的重要平台，这将对广州经济社会发展和国家中心城市建设产生深刻和深远的影响。粤港澳大湾区发展规划和广东省构建"一核一带一区"区域发展战略，都提出要强化广州核心驱动作用,这将有力推动广州的基础设施建设、现代产业构建、服务功能提升、文化融合发展和体制机制创新,进一步增强广州的区位优势、服务优势、政治优势和文化优势,进一步凸显广州在粤港澳大湾区的核心引擎作用。

(三) 新常态下广州产业结构变化趋势判断

1. 三次产业结构将保持基本稳定

经过改革开放40多年的快速发展,广州经济已进入后工业化时期,由高速增长阶段进入高质量发展阶段。未来第一和第二产业所占比重仍将趋于下降,第三产业所占比重则将继续提高,但变动速度将放缓。同时,产业转型升级的速度在加快,特别是"互联网+"的快速推广应用,不仅将彻底改变生产,也将彻底改变生活,使产业发展生态发生根本性变革,产业转型升级的广度和深度都将达到前所未有的水平。

产业融合也将逐步加快,工业企业越来越重视研发、供应链、售后服务等环节,农业工厂化、服务外包等新模式快速发展,销售服务环节从工业企业中分离的趋势也很明显。随着《广州制造2025战略规划》《广州市加快发展生产性服务业三年行动方案》的加快实施,广州高端高质高新产业将会加速发展。

随着国际航运中心、物流中心、贸易中心和现代金融服务体系加快建设,现代服务业和先进制造业双轮驱动成效显著。第一产业、第二产业增加值比重进一步下降,预计到2025年三次产业结构进一步优化调整,第一产业占比降至1.0%以下,第二产业占比约为25.0%左右,第三产业占比进一步提高至74.0%左右。

2. 制造业向高端化发展

在中国制造2025、工业4.0、全省工业转型攻坚战略等带领下,广州将全面推进制造业转型升级计划,做强做大先进制造业,工业将继续保持总体平稳增长态势,但受环境、土地和劳动力成本等因素影响，传统制造业有可能加速向外转移，而战略性新兴产业仍处于培育中，可能不足以填补传统产业流失的空缺，预计广州工业增长将继续承压。

随着《广州制造2025战略规划》等规划加快实施，服务型制造、智能制造、绿色制造、定制制造将不断拓展，以IAB为代表的新一代支柱产业将逐步形成。以化工、金属材料、建材为代表的重化工业占GDP比重会继续下降，而机械设备、电子信息制造、生物医药制造等为代表的中高技术制造业占GDP比重将长期呈上升态势。

制造业发展重点表现为深度工业化、产业融合化、全面智能化。制造业仍将处于新旧动能转换的关键阶段，传统产业"退潮"和结构调整仍将延续，新兴产业加快培育成长，在这一阶段，制造业增速将处于相对较低水平。随着工业继续向高端化、智能化方向发展，以及近年来制造业投资的高速增长，工业经济将逐步企稳回升。一是深度工业化。在制造业占GDP比重保持基本稳定的前提下，围绕关键技术、关键领域、关键环节突破，大力发展先进制造业和战略性新兴产业，提升技术含量，培育领军企业，实现制造业"内涵式"发展，并努力在全球制造业分工体系中占有重要的控制地位。二是产业融合化。全球制造业发展最新趋势表明，制造业与服务业的融合发展成为制造业发展的主流方向之一，商品价值实现的关键和利润增值空间日益向产业价值链两端的服务环节转移，传统制造商逐渐向技术研发、市场拓展、品牌运作、系统解决方案等生产服务业发展，其最直接的表现即为生产性服务业的快速发展，目前发达国家生产性服务业占比一般为70%左右。三是全面智能化。随着信息、大数据、人工智能等技术的发展以及要素成本的上升，制造业发展目前全面进入智能化时代，以智能制造、机器换人等为特征的新型生产模式不断涌现，企业竞争力水平更多依靠智能化的技术设备、先进的管理水平、一流的信息基础设施等。制造业需在抢抓国家深度工业化机遇的同时实现自身的发展，在关键技术、关键产品、关键环节取得突破；推进生产性制造向服务型、消费型制造转变，推动生产性服务业向专业化和价值链高端延伸；同时全面提升制造业发展的智能化水平，推动人工智能与实体经济的深度融合。

未来广州有望培育和形成新一代支柱产业发展格局：一是新一代信息技术。以超算中心、思科、富士康等龙头项目为代表的新一代IT产业集群逐渐形成。二是大智能产业，涵盖机器人、无人机、人工智能、3D打印、无人驾驶、智能家居、可穿戴设备等细分业态。目前，广州工业机器人、无人机产业规模均居全国第二位，人工智能产业方兴未艾，智能家居已走在全国前列。三是大健康产业。目前，广州大健康产业已形成生物医药、生物制造、健康服务三大优势产业集群和国际生物岛、GE生物科技园等一批产业基地，产业比较优势突出，成长性强，预计到2025年，以生物医药为核心的大健康产业规模可望超过1万亿元，将成为广州重要的支柱产业。

3. 现代服务业带动服务业继续较快发展

虽然广州占比较大的传统商贸服务业受到电商冲击较大，但随着互联网和移动通信等技术的快速引入，共享经济与平台经济兴起，交易和流通的直接化等模式创新、服务需求的升级以及个性化和定制化趋势深入发展，交易模式、新型业态将得到迅速发展，新兴服务消费需求有望进一步释放，商贸业总体将保持稳定发展；金融、物流、租赁和商务服务业等现代生产服务业有望加快发展。随着国家一系列加快服务业发展、扩大服务业开放政策实施以及广州稳步推进"三大枢纽"和自贸园区建设，广州服务业有望保持较好发展势头。综合各方面因素，预计未来广州服务业总体表现仍将好于制造业。

服务业已成为经济实力的主支撑和经济增长的主动力，与产业升级、消费升级、区域一体化紧密相关的行业将得到快速发展。产业升级方面，支撑产业链迈向中高端的研发设计、信息服务、供应链管理、整体方案解决等生产性服务业将快速发展，同时制造业服务化将成为服务业发展的一大动力。消费升级方面，随着人均收入水平提高，服务消费在居民消费支出占比逐年提高，成为居民消费中增长最快、热点最多、潜力最大的新领域，休闲旅游、文化娱乐、健康养生、信息消费等服务性消费空间正在打开。同时，考虑到人口老龄化加剧、公共服务社会事业相关领域市场化改革推进，教育、医疗、养老服务等领域面临广阔发展空间。区域一体化方面，金融、科技、商务服务业等高端服务业向核心城市、中心城市集聚的特性鲜明，广州在科技服务、信息服务、商务服务等方面优势突出。随着区域产业分工协作深入和要素自由流动加速，广州在资本链、产业链、价值链、创新链、供应链上的资源配置服务、管理平台服务、高端专业服务、创新策源服务、国际交流服务等产业功能将进一步强化。

4. 新产业、新技术、新业态、新模式迅猛发展

新主体蓬勃发展，广州面向全球集聚高端要素的能力有所显现，微信、优视（UC）等一批具有核心技术的企业正逐步发展成为世界知名品牌；奥翼电子、广州亿航等一批高成长企业在前沿尖端科技创新方面取得重大突破；一批具有较强竞争力的创新型企业加快发展，广州数控、金发科技、海格通信、冠昊生物已成为智能装备、新材料、高端电子信息、生物医疗等新兴产业的领军企业。新动力成长势头良好，高新技术产品产值增长快于工业总产值增长，占工业总产值比重稳步上升；传统行业信息化工业化加快融合，欧派、索菲亚、尚品宅配等创新型龙头企业带动家具制造业增长。新业态新产品加快发展，互联网经济新业态引领服务业增长，装备类产品、工业机器人、新能源汽车、光电子器件等产品快速增长。预计未来几年广州的新产业、新技术、新业态、新模式将保持快速发展势头，为

广州经济结构优化升级提供强劲动力。

市场采购、融资租赁、直播电商等贸易新业态发展迅猛，广州跨境电商总体规模连年居全国首位，成功创建国家跨境贸易电子商务服务试点城市。商贸业发展后劲足，阿里巴巴、慧聪网、京东商城、卓越亚马逊、苏宁易购等电子商务龙头企业在穗设立区域总部，国家和省电子商务示范企业数均居全省第一。文化和旅游融合发展态势明显，北京路文化旅游区、西关永庆坊成功创建国家4A级旅游景区，荔枝湾涌、粤剧艺术博物馆、十三行博物馆等项目先后完成，文旅资源不断整合发力。现代消费体验式商圈发展迅速，天河路商圈、花城广场等商圈正成为集消费、休闲、娱乐、旅游、文化等功能于一体的商旅文聚集区。

第四章 新常态下广州经济增长动力
——基于需求结构的分析

从总需求的角度看,消费、投资和出口是拉动经济增长的三大动力,三者在拉动经济增长过程中所表现的相互作用及比例结构关系构成经济增长的需求动力机制。消费、投资和出口三者的结构关系是需求动力机制发生内在作用从而驱动经济增长的外在表现,需求动力机制的结构演变即为三者比例结构在时间路径上的变化过程。

一 需求结构对经济增长影响的相关研究综述

(一)需求动力与经济增长的关系

18世纪末以来,西方学者开始关注需求动力与经济增长的关系问题,在理论上对需求促进经济增长的机理和作用进行深刻的阐述和模型解释。

1. 经典的有效需求理论

亚当·斯密(Adam Smith)在《国富论》中首次提出了有效需求的概念,定义为"一种对符合自然价格的所有商品的需求"。他认为:"每一个商品的市场价格,都受支配于它的实际供受量,和愿支付它的自然价格(或者说愿支付它出售前所必须支付的地租、劳动工资和利润的全部价值)的人的需求量,这二者的比例。愿支付商品的自然价格的人,可称为有效需求者，而他们的需求，可称为有效需求。因为，这种需求也许使商品的出售得以实现。"① 此外，他还论述了对外贸易的作用，是为国内生产的超过自身需求的过剩产品开辟了第二个市场，通过对外贸易可以增加国民财富。

大卫·李嘉图（David Ricardo）在《政治经济学与赋税原理》中提出了比较优势理论，阐明了外部需求对一国经济增长的作用，论述了在增加资本和增加人口受到限制时，通过对外贸易可以无止境地增加财富，推动经济增长②。

凯恩斯（John Maynard Keynes）在《就业、利息和货币通论》中提出了"有效需求理论"。他定义了总供给和总需求函数，认为"有效需求是指与社会总供给相一致的社会总需求水平"③。从宏观层面看，社会总需求由消费和投资两种需求组成，增加消费和投资需求可以有效地增加总产出，从而促进经济增长。对于投资需求对经济增长所产生的影响，他进一步提出"投资乘数"理论，认为投资的增加对就业和国民收入都有好处，随着投资的增加，国民收入会随之上升，称为"投资乘数"（即"投资增量"相对于"国民收入增量"的比值），当总投资量扩大时，收入会成倍于投资增量而增加。凯恩斯认为，在通常情况下，有效需求总是不足的，其问题根源在于三个"心理规律"，一是边际消费倾向递减规律导致消费的有效需求不足，二是资本边际效率递减规律抑制投资的积极性造成投资需求不足，三是流动性偏好规律导致人们可以用来投资和消费的货币减少，而市场机制不能解决由上述原因引起的有效需求不足问题，所以不能自动地使经济达到充分就业时的均衡，其解决的办法主要是通过政府干预措施来扩大有效需求。

---

① 斯密：《国民财富的性质和原因的研究》，郭大力、王亚南译，商务印书馆2005年版，第51页。
② 大卫·李嘉图：《政治经济学及赋税原理》，商务印书馆1976年版。
③ 凯恩斯：《就业、利息和货币通论》，商务印书馆1983年版，第25页。

保罗·萨缪尔森（Paul A. Samuelson）在1939年发表的《乘数分析与加速原理的相互作用》中首次提出了经济波动的模型，阐述了政府开支对国民收入的重大作用。他提出了乘数—加速模型，对投资因素与经济增长之间的关系进行分析，认为当投资扩张时，收入会在乘数效应的作用下呈现加倍增长趋势，并反过来对投资产生加速效应，由此经济扩张进入一种良性循环之中[1]。

2. 三大需求对经济增长的影响分析

综合上述研究和相关理论，投资、消费和对外贸易对经济增长的带动作用如下。

（1）消费对经济增长的影响

一个完整的生产过程包括生产、分配、流通和消费，如果投资不能最终转化为消费，就会产生产能过剩、债务增加、经济萧条等问题，投资和生产将被迫中断。因此，消费是经济发展的终极目的和主要动力，消费需求对经济增长的拉动作用可分为直接拉动和间接拉动。直接拉动是指在现有生产能力范围内，消费需求的增长直接带动相关消费品生产的增长；间接拉动是指消费需求作为初始变量，通过拉动其它变量来拉动经济增长。消费需求作为最终需求，从需求的角度可以对投资需求产生引导作用，拉动投资需求的形成和扩大。经济增长理论采用乘数加速原理解释消费需求对经济增长的间接拉动作用，该原理表明较小的消费需求增长能够在较大程度上引发投资需求，要把投资需求保持在某一固定水平之上，必须使消费需求保持持续性增长。

（2）投资对经济增长的影响

投资在经济增长中具有产生供给和创造需求的双重作用，因此投资对经济增长的实际效应有两个方面：一是在短期内，

---

[1] Paul A Samuelson, "Interaction between multiplier analysis and acceleration principle", *American economic review*, 1939.

投资作为需求推动经济增长，投资的快速增长直接拉动社会总需求规模的快速增长，因为当年的固定资产投资通常只能形成需求；二是从长期看，通过投资向经济注入新的生产要素、形成新的资本，如增加新的生产资料（机器、厂房等）、完善基础设施提升生产效率等，从而提高社会总产出并推动经济增长，但投资形成供给通常都需要一个滞后期，因此当年固定资产投资通常会对第二年或之后的几年的经济发展产生正面影响。萨缪尔森的乘数—加速模型认为投资对经济增长具有乘数效应，通过乘数作用，投资可以促使收入增加，而收入的增加又通过加速数原理反作用于投资，使投资增加。

（3）对外贸易对经济增长的影响

对外贸易对拉动经济增长的拉动作用有以下两个方面。一方面，通过出口贸易可以扩大市场规模，出口本国相对富裕的或具有比较优势的产品、原材料和资源，解决国内需求不足问题。亚当·斯密认为对外贸易将一国经济延伸到国外，是市场范围扩张的标志，其发展可以促进社会分工的深化和生产率的提高，加速经济增长。赫尔普曼和格罗斯曼在《全球经济中的创新与增长》中论述了出口贸易对经济增长的影响，指出国际贸易能够扩大企业面对的市场规模，增加给定市场份额的销售额和利润量[①]。另一方面，通过进口国内相对短缺的产品、原材料和资源以及引进先进技术、设备和管理模式，可以提高国内技术水平和管理经验，增强经济持续发展动力。

（二）需求结构与经济增长的关系

结构主义发展理论将需求结构变量引入经济增长模型，发现在经济增长过程中，需求结构和产业结构有着相互牵制、相互关联的作用。从现有的相关文献来看，关于经济发展方式与

---

① G. M. 格罗斯曼，E. 赫尔普曼：《全球经济中的创新与增长》，何帆、牛勇平、唐迪译，中国人民大学出版社2003年版。

第四章 新常态下广州经济增长动力——基于需求结构的分析

需求结构问题的研究主要有两种思路。一是新古典主义思路,利用国民经济核算方法,研究投资规模、投资效率等问题。二是结构主义思路,采用跨国比较的方法研究经济需求结构演变的一般规律,进而分析不同经济发展阶段三大需求对经济增长的作用[1]。

1. 新古典主义思路

新古典主义关于需求结构对经济增长影响的研究主要分理论和实证两个方面。

在理论方面,在新古典经济增长模型中储蓄率被设为外生变量。费尔普斯在索洛新古典增长模型的基础上,提出了著名的资本积累"黄金律",这一储蓄率是经济发展均衡路径上使消费最大化的资本存量值。戴蒙德建立了代际交叠模型,分析了自由市场经济下社会的均衡状况。拉姆齐模型在确定性的条件下分析最优经济增长,推导满足最优路径的跨时条件,阐述了动态非货币均衡模型中的消费和资本积累原理。

在实证方面,钱纳里和塞尔奎因利用1950—1970年101个国家(地区)的横截面数据和时间序列数据,对需求结构演变进行了相关研究。研究结果表明,投资率随着人均国民收入的增长,在一定时期内先较快提高,然后减缓,呈现以上下渐近线为特征的S型曲线;消费率先较快下降,然后逐步回升,呈现反向S型曲线[2]。世界银行的后续研究表明,随着人均GDP的提高,总投资和私人投资占GDP的比重增大,总消费和私人消费占GDP的比重下降,总出口和制成品出口占GDP的比重提高[3]。

---

[1] 重庆统筹城乡发展研究中心,重庆市综合经济研究院,重庆市经济信息中心编著:《"十三五"重庆发展方略研究》,中国经济出版社2016年版,第234页。

[2] H. B. Chenery, M. Syrquin, *Patterns of Development: 1950 – 1970*, Oxford University Press, 1975.

[3] 重庆统筹城乡发展研究中心,重庆市综合经济研究院,重庆市经济信息中心编著:《"十三五"重庆发展方略研究》,中国经济出版社2016年版,第234页。

2. 结构主义思路

在不同阶段，三大需求对经济增长的作用不同。1960 年美国经济学家罗斯托（Walt Whitman Rostow）在《经济增长的阶段》中提出了"经济增长阶段论"，把一个国家经济发展过程分为 5 个阶段，1971 年在《政治和成长阶段》中增加了第 6 阶段。经济发展的 6 个阶段依次是传统社会阶段、准备起飞阶段、起飞阶段、走向成熟阶段、大众消费阶段和超越大众消费阶段。根据这 6 个阶段的生产力、产业结构及经济发展水平，第一到第四阶段是提升国家生产力水平和建立健全国民经济产业体系的阶段，在此期间需要积累大量的资本进行投资和发展生产，对消费大多采取抑制政策，故此阶段消费需求不太可能作为驱动一国经济增长的主要动力。同时，这一时期社会生产力水平相对低下，人们日常的刚性消费需求相对较大，投资需求只能缓慢增长。因此，在罗斯托的经济增长第一和第二阶段，一国的经济增长仍然会由消费需求来主导；在第三阶段中后期，投资需求可能会超过消费需求成为经济增长的主导力量；在第四阶段，投资需求成为主导，驱动国家经济增长；在第五阶段，国家生产力水平得到较大提高，产业结构基本完善，人们收入水平和消费能力明显提升，用于基本建设和生产的投资渐趋饱和，经济增长开始由投资需求驱动转向消费需求驱动；在第六阶段，生产力水平进一步提高，产业结构已完全成熟，人们收入达到较高水平，以服务业为代表的提高居民生活质量的相关产业将成为主导产业，一国经济增长主要由消费需求驱动（见图 4-1）[1]。

---

[1] 华尔特·惠特曼·罗斯托（Rostow, W. W.）：《经济增长的阶段 非共产党宣言》，郭熙保、王松茂译，中国社会科学出版社 2001 年版。

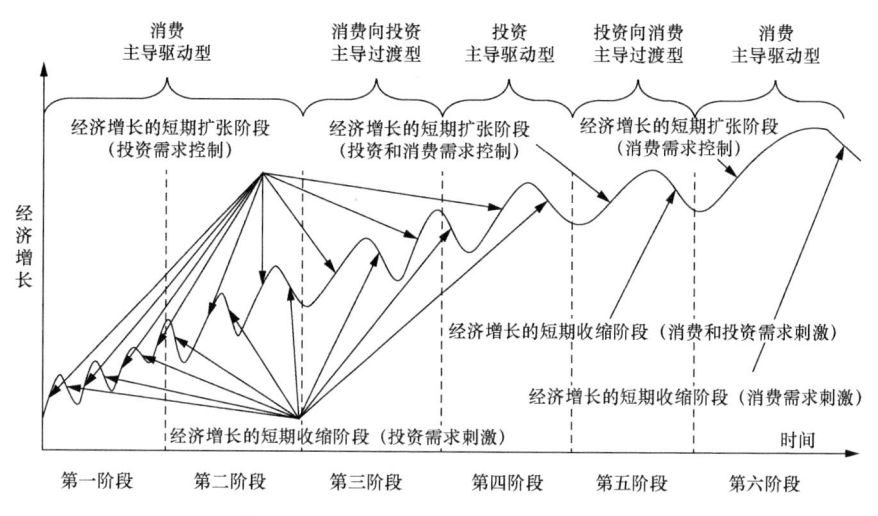

第四章 新常态下广州经济增长动力——基于需求结构的分析

图4-1 罗斯托不同经济发展阶段的需求动力机制结构变化情况①

需求结构的合理与否，直接影响一国经济能否长期平稳增长。郭春丽②通过选取1980、1990、1998、2004、2007年5个年度，且每个年度人均国民总收入、消费率、投资率、净出口率、政府消费率、居民消费率、出口率、进口率等数据均齐全的国家进行横向比较发现，各国需求结构表现出一定规律。在发展阶段不同的四类（低收入、中低收入、中高收入、高收入）或者五类（工业化准备期、初期、中期、成熟期、后期）国家中，消费率分别呈现"高→低→平稳"或"高→低→略高"的变化规律（U型曲线），五个年度不同类别国家的消费率均值都在65%以上。投资率表现出"低→高→低"（倒U型曲线），五个年度不同类别国家的均值在30%以下。净出口率表现出"低（负值）→提高（负值）→提高（负或正值）→提高（正值）→降低（正值）"的变化规律，五个年度不同类别国家的净出口率均值都在10%以下（见表4-1）。

---

① 摘自杜焱、柳思维《国家规模、经济增长阶段与需求动力机制结构演变》，《经济与管理研究》2012年第6期。
② 郭春丽：《不同发展阶段需求结构的比较研究及对我国的启示》，《中国经济：劳动力供求、通货膨胀与经济周期》，经济科学出版社2012年版。

表 4-1　　　　　　　　　　需求结构变化的一般规律

指标		人均收入	发展阶段
投资率	变化规律	低—高—低，倒 U 型曲线，大多数发达国家和发展中国家	
	拐点情况	人均 GDP3000~6000 美元	工业化初期、中期
	变动范围	19~37%（发达国家） 30%~45%（东亚国家） 21%~24%（拉美国家）	19%~31%（发达国家） 20%~34%（发展中国家）
消费率	变化规律	高—低—高，U 型曲线，发达国家；低—高—低，倒 U 型曲线，大多数发展中国家	
	拐点情况	人均 GDP3000~6000 美元	工业化初期、中期
	变动范围	61~84%（发达国家） 52%~87%（东亚国家） 66%~83%（拉美国家）	68%~88%（发达国家） 62%以上（发展中国家）
净出口率	变化规律	高—低—高，U 型曲线，发达国家和大多数发展中国家	
	拐点情况	人均 GDP3000~6000 美元	工业化初期、中期
	变动范围	-3~4%（发达国家） -9%~7%（东亚国家） -1%~12%（拉美国家）	-1%~6%（发达国家） -9%~9%（发展中国家）

资料来源：参见郭春丽. 不同发展阶段需求结构的比较研究及对我国的启示[A]，中国经济：劳动力供求、通货膨胀与经济周期[M]. 经济科学出版社，2012.

（三）国内相关实证研究

在需求动力方面，消费、投资、出口"三驾马车"对我国经济增长的主导作用，存在一定的阶段性转换特征，国内学者对此进行了实证研究。

郭其友、芦丽静[1]提出，1979—1992 年我国消费、投资、出口三大支出占 GDP 的比重平均值分别为 64.7%、35.9%、

---

[1] 郭其友、芦丽静：《经济持续增长动力的转变——消费主导型增长的国际经验与借鉴》，《中山大学学报》（社会科学版）2009 年第 2 期。

第四章 新常态下广州经济增长动力——基于需求结构的分析

10.2%,对经济增长的贡献率分别达到65.6%、32.2%、16.1%,消费对经济增长的主导作用最为明显;1993年以来,三大需求对经济增长的拉动作用发生了显著变化,投资率迅速上升,消费率有所下降,特别是2002年开始三大需求对经济增长的拉动作用出现明显失衡,具有明显的投资和出口拉动特征。

刘瑞翔、安同良[1]利用国家统计局的投入产出数据,采用非竞争型投入产出模型,对1987—2007年我国经济增长的动因进行了系统分析。结果表明:(1) 1987—2007年我国经济增长了约7.1倍,消费、投资和出口对于经济增长所起的作用基本相当,出口需求的增加导致经济增长256%,消费和投资需求的增长也分别驱动经济增长了243%和231%。(2) 我国经济增长的动力来源结构发生了巨大的变化,1987—2002年"三架马车"对于经济增长的重要性依次是消费、投资和出口,其中消费是驱动我国经济增长至关重要的动力来源;2002—2007年驱动我国经济增长的动力来源改变为出口、投资和消费,出口贡献率上升到首位,说明全球化进程对我国经济增长的驱动因素产生了根本性的影响。

黄泰岩[2]通过我国改革开放多年中先后完成的两次经济增长动力转型的经验检验,揭示了经济周期、改革周期和动力转型的内在机制,指出在第一次动力转型的改革开放初期(1978—1997年),我国经济增长的强大动力是供给推动,通过扩张要素供给数量和强力推进经济体制改革提升要素供给效率从而增加供给来拉动经济增长;第二次动力转型的1998—2012年,投资始终占据主要地位,这一时期的经济增长是"以投资为主导的需求拉动型经济增长"。

---

[1] 刘瑞翔,安同良:《中国经济增长的动力来源与转换展望——基于最终需求角度的分析》,《经济研究》2011年第7期。
[2] 黄泰岩:《中国经济的第三次动力转型》,《经济学动态》2014年第2期。

国家统计局综合司课题组[1]从需求、供给、产业、地区4个角度分析了各因素对经济增长的贡献度。其中,从需求角度看,1978—2010年投资和出口增长强劲,成为拉动经济增长的主要需求动力,2011年以来随着我国经济发展阶段以及国际经济形势的变化,投资和出口动力逐渐减弱,消费动力日益增强,需求动力由投资出口带动逐步向消费带动转变。

赵昌文等[2]对投入产出模型进行拓展,从需求角度对经济增长动力进行分解,建立了基于投资、消费和出口的经济增长动力分解模型,对1981—2013年我国经济增长动力进行了测算。研究发现,前工业化时期(1981—1989年)和工业化初期(1990—1999年)消费是经济增长的主动力,其对经济增长的贡献率均在42%以上;工业化中期(2000—2011年)消费贡献率降低至33%左右,资本形成和出口的贡献率有所上升,2006—2011年分别达到42.2%和24.4%;进入工业化后期(2012年以来),最终消费和资本形成成为拉动经济增长的主要力量,贡献率分别达到47.3%和46.5%,我国经济依存结构经历了从"内需依存型"向"出口导向型"再回归"内需依存型"的转变。

崔俊富等[3]利用1978—2012年的国内生产总值、消费、投资、净出口的数据,分别采用多元线性回归模型和随机森林模型对消费、投资和出口对我国经济增长的重要性进行测度,发现影响我国经济增长的最主要动力是投资,其次是消费,最后是净出口,具有较强的重投资、轻消费特征。

---

[1] 国家统计局综合司课题组:《我国经济增长动力及其转换》,《调研世界》2014年第12期。
[2] 赵昌文、许召元、朱鸿鸣:《工业化后期的中国经济增长新动力》,《中国工业经济》2015年第6期。
[3] 崔俊富、苗建军、陈金伟:《基于随机森林方法的中国经济增长动力研究》,《经济与管理研究》2015年第3期.

二 广州经济增长需求结构变动特征分析

(一) 三大需求结构变动特征分析

1. 1990年以来广州需求结构变动特征

1990年以来，推动广州经济增长的需求动力发生了明显变化：一是消费对经济增长的贡献在逐步提高，1990—2008年最终消费支出占GDP的比重（最终消费率，简称消费率）持续保持较为稳定的水平，2009年以来由于货物及服务净流出贡献的衰退，消费已上升为最重要的需求动力，2017年消费率达到51.1%，比2009年的低位（40.6%）提高10.5个百分点。二是投资对经济增长的贡献逐步降低，资本形成总额占GDP的比重（资本形成率，简称投资率）从1995年的58.7%下降到2007年的32.7%，2008年以来投资贡献有所提高，2017年达到37.4%。三是货物及服务净流出的贡献呈抛物线走势，1999—2009年所占份额持续上升，由2000年的10.5%提高到2009年的25.4%，这估计与汽车、石化等重化工业的快速崛起高度相关，但受全球经济危机影响，2010年以来占比持续回落，2017年降至11.5%（见图4－2）。①

2. 不同时期广州需求结构变动特征分析

1991—2000年，经济增长动力主要来源于投资和消费，消费率和投资率分别达到44.4%和49.4%，最终消费支出和资本形成总额对经济增长的年均贡献率达到34.6%和48.7%，年均拉动经济增长5.6和9.4个百分点，呈现出投资和消费双轮驱动、以投资为主的特征（见表4－2、表4－5、表4－6）。

---

① 由于2018年、2019年及2020年《广州统计年鉴》均没有对外公布2018年以来广州最终消费支出、资本形成总额、货物和服务净流出的数据，故本文相关分析仅到2017年。

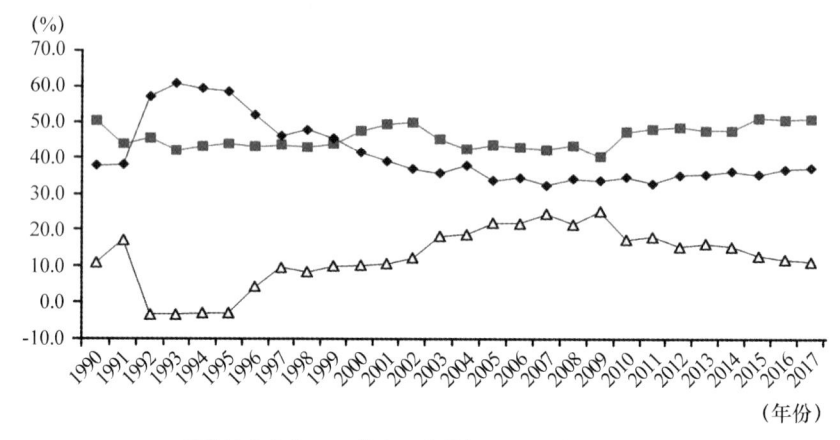

134 新常态下广州经济增长动力趋势分析

图 4-2 1990—2017 年广州三大需求所占 GDP 比重情况

数据来源:《广州统计年鉴 (2018)》。

表 4-2 1991—2000 年三大需求对地区生产总值增长的贡献率和拉动情况 单位:%, 百分点

年份	最终消费支出 贡献率	最终消费支出 拉动	资本形成总额 贡献率	资本形成总额 拉动	货物和服务净流出 贡献率	货物和服务净流出 拉动
1991	9.6	1.6	41.4	6.7	49.0	8.0
1992	37.1	8.6	133.9	31.2	-71.0	-16.5
1993	21.1	5.6	68.5	18.1	10.4	2.7
1994	32.1	6.0	75.7	14.2	-7.8	-1.4
1995	31.3	5.2	59.8	9.9	8.9	1.5
1996	30.4	3.8	5.4	0.7	64.2	8.0
1997	38.9	5.3	-2.6	-0.4	63.7	8.6
1998	35.5	4.7	56.1	7.4	8.4	1.1
1999	50.9	6.8	34.7	4.6	14.4	1.9
2000	58.7	7.9	14.5	1.9	26.8	3.6

注:贡献率是指三大需求增量与支出法计算的 GDP 增量之比;拉动是指 GDP 增长速度与三大需求贡献率的乘积。

数据来源:《广州统计年鉴 (2018)》。

2001—2010年，投资对经济增长的带动作用有所减弱，2010年投资率下降到34.9%，低于2000年（41.8%）6.9个百分点；消费和货物及服务净流出的贡献逐步增强，2010年两者占GDP的比重分别达到47.5%和17.6%。2001—2010年最终消费支出、资本形成总额、货物和服务净流出对经济增长的年均贡献率分别达到47.3%、30.6%和22.2%，年均拉动经济增长6.4、4.2和3.2个百分点，呈现出投资、消费和外需三轮驱动、以内需为主的特征，其中2002—2007年货物和服务净流出的年均贡献率达到37.2%（见表4-3、表4-5、表4-6）。

表4-3　　　　2001—2010年三大需求对地区生产总值增长的
贡献率和拉动情况　　　　单位：%，百分点

年份	最终消费支出		资本形成总额		货物和服务净流出	
	贡献率	拉动	贡献率	拉动	贡献率	拉动
2001	63.1	8.1	29.0	3.7	7.9	1.0
2002	55.1	7.3	22.0	2.9	22.9	3.1
2003	43.7	6.6	17.6	2.7	38.7	5.9
2004	15.3	2.3	42.8	6.5	41.9	6.3
2005	46.5	6.0	-7.5	-0.9	61.0	7.9
2006	38.8	5.8	39.7	6.0	21.5	3.2
2007	43.0	6.7	20.0	3.1	37.0	5.7
2008	47.1	5.9	35.0	4.4	17.9	2.3
2009	52.5	6.2	62.8	7.5	-15.3	-1.8
2010	67.6	8.9	44.3	5.9	-11.9	-1.6

数据来源：《广州统计年鉴（2018）》。

2011—2017年，消费和投资对经济增长的带动进一步增强，消费率和投资率均有所提高，2017年分别达到51.1%和37.4%。2011—2017年最终消费支出和资本形成总额对经济增

长的年均贡献率达到47.0%和42.2%,年均拉动经济增长4.4和3.9个百分点,呈现消费和投资双轮驱动、以消费为主的特征。受全球经济危机影响,货物及服务净流出对经济增长的带动作用持续减弱,占GDP的比重不断下降,2017年为11.5%,比2010年(17.6%)下降了6.1个百分点。2011—2017年各年货物和服务净流出对经济增长的贡献率波动较大,2015年为负值,2012、2014、2016年贡献率低于10%,2017年回升到12.0%(见表4-4、表4-5、表4-6)。

表4-4　2011—2017年三大需求对地区生产总值增长的贡献率和拉动情况　　单位:%,百分点

年份	最终消费支出 贡献率	最终消费支出 拉动	资本形成总额 贡献率	资本形成总额 拉动	货物和服务净流出 贡献率	货物和服务净流出 拉动
2011	47.3	5.4	20.1	2.3	32.6	3.7
2012	46.4	4.8	51.4	5.4	2.2	0.2
2013	41.7	4.9	40.7	4.8	17.6	2.0
2014	41.1	3.5	49.8	4.3	9.1	0.8
2015	45.2	3.8	56.6	4.8	-1.8	-0.2
2016	53.9	4.4	42.2	3.5	3.9	0.3
2017	53.6	3.8	34.4	2.4	12.0	0.8

数据来源:《广州统计年鉴(2018)》。

表4-5　不同时期三大需求占广州经济总量的比重　　单位:%

时期	最终消费率	资本形成率	货物和服务净流出占GDP的比重
1991—2000	44.4	49.4	6.2
2001—2010	44.3	34.9	20.7
2011—2017	49.7	36.0	14.3

数据来源:根据《广州统计年鉴(2018)》数据汇总整理得到。

表4-6 不同时期三大需求对广州经济增长年均贡献率   单位:%,百分点

年份	最终消费支出 贡献率	拉动	资本形成总额 贡献率	拉动	货物和服务净流出 贡献率	拉动
1991-2000	34.6	5.6	48.7	9.4	16.7	1.8
2001-2010	47.3	6.4	30.6	4.2	22.2	3.2
2011-2017	47.0	4.4	42.2	3.9	10.8	1.1
1991-2017	42.5	5.6	40.3	6.1	17.2	2.1

数据来源：根据《广州统计年鉴（2018）》数据汇总整理得到。

3. 广州与其他区域需求结构比较

（1）消费率

1990—2009年，广州最终消费率低于全国和全省平均水平。2010年以来，广州最终消费率与全国和全省走势基本一致，均呈现逐步走高的情况。1990年以来，广州最终消费率与北京和上海存在一定差距，除个别年份外，基本低于北京和上海，2017年为51.1%，分别低于北京和上海9.0和6.2个百分点（见图4-3、图4-4）。

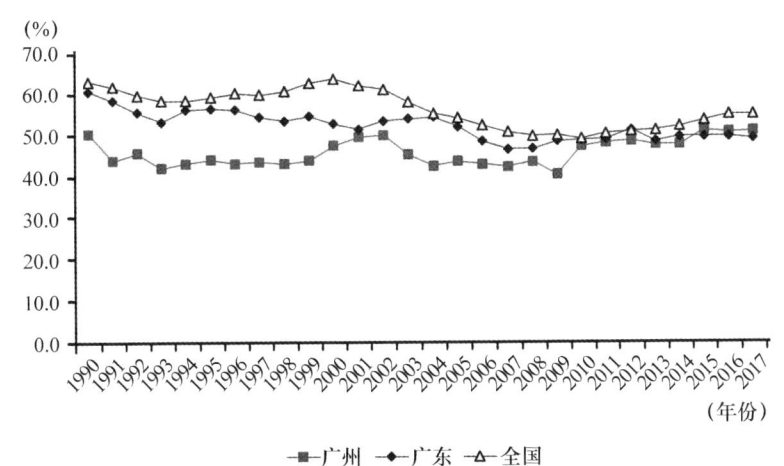

图4-3 1990—2017年广州与全国、全省消费率比较

数据来源：历年《广州统计年鉴》、《中国统计年鉴》、《广东统计年鉴》。

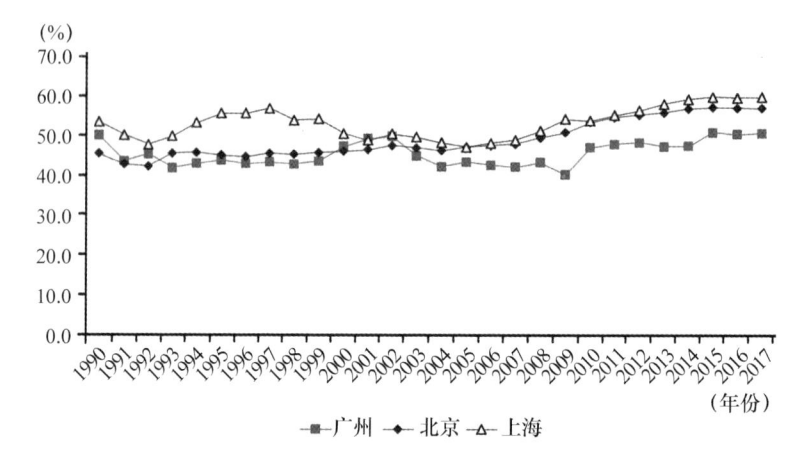

图 4-4　1990—2017 年广州与北京、上海消费率比较

数据来源：历年《广州统计年鉴》、《北京统计年鉴》、《上海统计年鉴》。

（2）投资率

2002 年以前，广州投资率高于全国和全省平均水平。2003 年以来，广州投资率与全国、全省、北京和上海走势保持基本一致，呈现较为稳定的走势，但总体偏低，2017 年为 37.4%，分别低于全国、全省、北京和上海 5.9、5.8、1.7 和 2.4 个百分点（见图 4-5、图 4-6）。

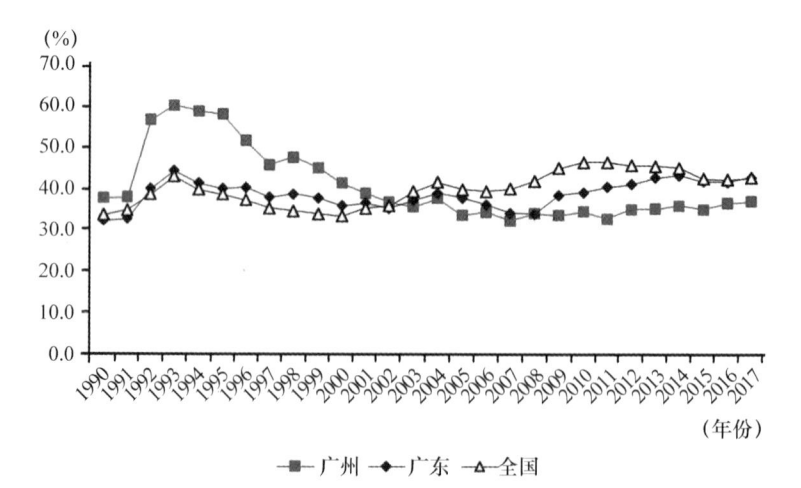

图 4-5　1990—2017 年广州与全国、全省投资率比较

数据来源：历年《广州统计年鉴》、《中国统计年鉴》、《广东统计年鉴》。

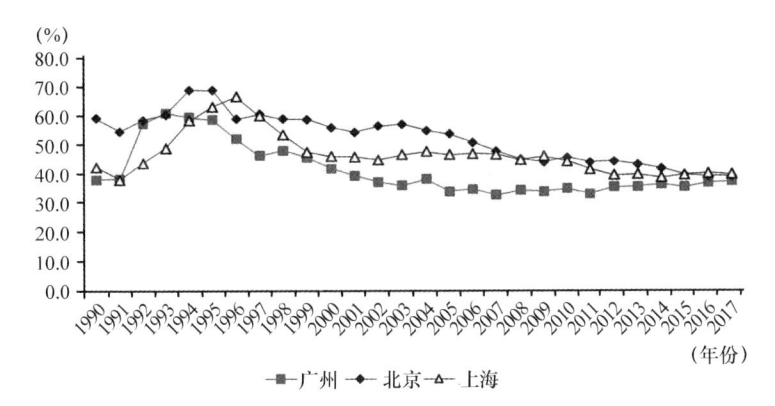

第四章 新常态下广州经济增长动力——基于需求结构的分析   139

图 4-6 1990—2017 年广州与北京、上海投资率比较
数据来源：历年《广州统计年鉴》、《北京统计年鉴》、《上海统计年鉴》。

（3）货物和服务净流出占比

总体上看，广州货物和服务净流出占 GDP 比重高于全国和全省平均水平，也高于北京和上海。2010 年以来，广州货物和服务净流出占 GDP 比重变动情况与全国和全省的走势基本一致，呈现逐步走低的情况，2017 年为 11.5%，分别高于全国、全省、上海和北京 4.0 个、9.8 个、8.6 个、10.7 个百分点，说明广州外向型经济的特征明显，外部需求对经济增长的拉动作用较大（见图 4-7、图 4-8）。

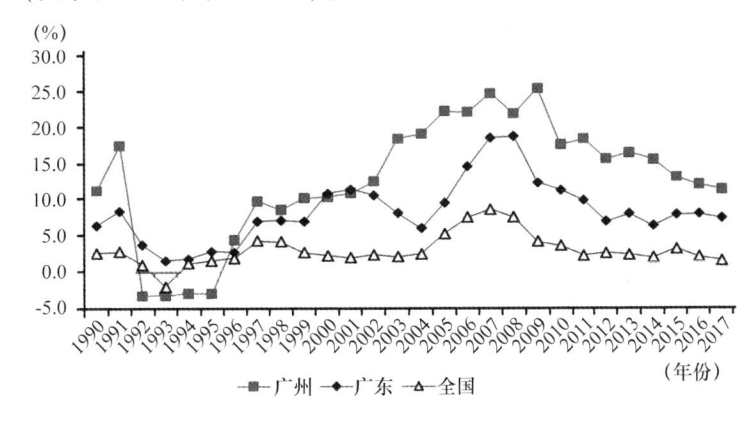

图 4-7 1990—2017 年广州、全国、全省货物和服务净流出占 GDP 比重情况
数据来源：根据历年《广州统计年鉴》、《中国统计年鉴》、《广东统计年鉴》数据计算得到。

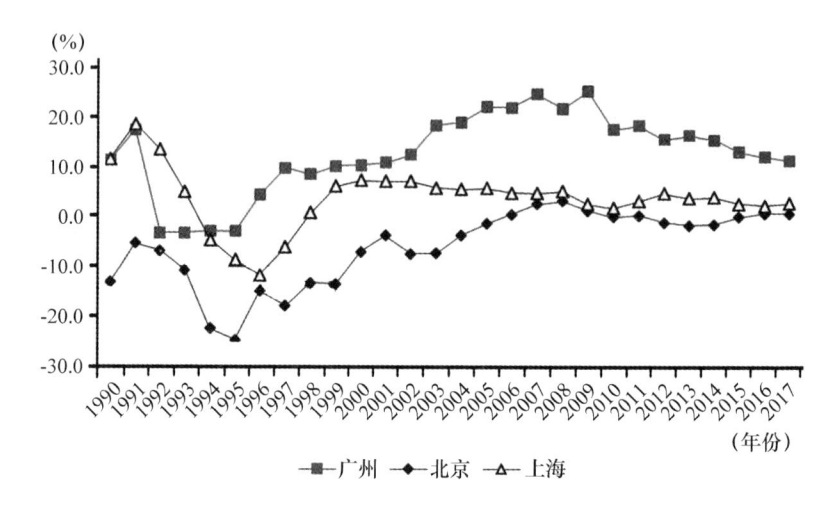

图 4-8 1990—2017 年广州、北京、上海货物和服务净流出占 GDP 比重情况

数据来源：根据历年《广州统计年鉴》《北京统计年鉴》《上海统计年鉴》数据计算得到。

（二）消费结构变动分析

1. 最终消费支出变动分析

从构成 GDP 的数据看，最终消费支出包括居民消费支出和政府消费支出。从表 4-7 可以看出，居民消费支出占 GDP 的比重有所上升，2000—2010 年保持在 30% 左右的水平，2011—2014 年提高到 35% 左右，2015、2016、2017 年进一步提升至 38.3%、38.6%、38.0%，分别比 2010 年提高了 4.5 个、4.8 个、4.2 个百分点，是近年来消费率不断提高的主要原因。政府消费支出占 GDP 的比重保持基本稳定，2005 年以来基本保持在 13% 左右的水平。从增长情况看，2011—2017 年最终消费支出年均增长 9.6%，高于同期 GDP 增速 0.2 个百分点。其中，居民消费支出年均增长 10.2%，高于同期 GDP 增速 0.8 个百分点；政府消费支出年均增长 8.0%，低于同期 GDP 增速 1.4 个百分点（见表 4-7）。

表 4-7　　2000—2017 年广州最终消费支出变动情况　　单位：亿元，%

年份	最终消费支出 绝对值	最终消费支出 占 GDP 的比重	居民消费支出 绝对值	居民消费支出 占 GDP 的比重	政府消费支出 绝对值	政府消费支出 占 GDP 的比重
2000	1133.55	47.7	662.77	27.9	470.79	19.8
2001	1333.29	49.6	740.09	27.6	593.20	22.1
2002	1507.25	50.2	821.86	27.4	685.39	22.8
2003	1707.42	45.4	1228.82	32.7	478.60	12.7
2004	1900.88	42.7	1373.70	30.9	527.18	11.8
2005	2258.26	43.8	1569.83	30.5	688.43	13.4
2006	2618.39	43.1	1721.17	28.3	897.23	14.8
2007	3024.55	42.5	1985.76	27.9	1038.78	14.6
2008	3622.52	43.7	2510.42	30.3	1112.10	13.4
2009	3712.40	40.6	2513.24	27.5	1199.15	13.1
2010	5105.44	47.5	3631.53	33.8	1473.92	13.7
2011	6007.35	48.4	4355.62	35.1	1651.74	13.3
2012	6612.97	48.8	4853.76	35.8	1759.20	13.0
2013	7377.46	47.8	5407.13	35.1	1970.33	12.8
2014	8003.73	47.9	5922.90	35.5	2080.83	12.5
2015	9290.78	51.3	6932.30	38.3	2358.48	13.0
2016	10111.88	51.7	7551.68	38.6	2560.21	13.1
2017	10989.04	51.1	8169.57	38.0	2819.47	13.1

注：2003 年起"居民消费支出"和"政府消费支出"的统计口径有所调整，与上一年度不可比。

数据来源：历年《广州统计年鉴》。

2. 2010—2019 年广州消费情况

2010—2019 年广州消费呈现如下特点：一是消费市场规模保持平稳增长，但 2013 年以来增速有所下滑；二是城市居民消费升级趋势明显，交通通信支出、教育文化娱乐支出等增长较快；三是网上消费等新兴消费模式发展迅速。

（1）消费市场规模保持平稳增长

2010—2019年，广州社会消费品零售总额保持平稳增长态势，2019年达到9551.57亿元，2011—2019年平均增长10.8%，高于同期GDP增速（8.6%）2.2个百分点。但是，受对比基数不断提高、新常态下经济增长放缓等因素影响，2013年以来增速有所下滑，2016—2019年保持在8%左右的水平（见图4-9）。

图4-9 2010—2019年广州社会消费品零售总额情况

数据来源：《广州统计年鉴（2020）》。

（2）城市居民消费升级趋势明显

从城市常住居民住户抽样调查数据看，近年来广州市民消费升级趋势明显。食品支出占消费支出比重不断下降，恩格尔系数由2010年的33.3%下降到2019年的32.0%。消费升级趋势明显，2011—2019年城市常住居民人均交通通信支出、其他商品和服务支出、教育文化娱乐支出年均分别增长10.1%、9.4%、8.4%，高于同期消费性支出增速（7.9%）2.2、1.5和0.5个百分点。此外，2019年人均居住支出达到10026元，占消费支出总量的22.3%。值得注意的是，2017年以来城市居民人均消费性支出增长乏力，2017、2018、2019年增速分别为

5.8%、3.8%和6.8%，低于人均可支配收入增速3.0个、4.5个和1.7个百分点（见表4-8、表4-9）。

表4-8　　2010—2019年广州城市常住居民人均消费支出情况　单位：元/人

年份	2010	2011	2012	2013	2014	2015	2016	2017	2018	2019
人均消费性支出	25012	28210	30490	33157	33385	35753	38398	40637	42181	45049
食品	8325	9592	10361	11240	10984	11743	12595	13063	13549	14402
衣着	1883	2167	2223	2411	1818	1995	2128	2218	2277	2314
居住	1971	2092	2341	2619	7870	8129	8535	9165	9459	10026
生活用品及服务	1773	1918	2033	2168	2048	2213	2435	2599	2690	2843
交通通信	3982	4751	5040	5487	3883	4356	4870	5072	5244	5701
教育文化娱乐	4611	4991	5575	6137	4272	4640	5044	5417	5640	6149
医疗保健	1359	1318	1390	1472	1484	1546	1585	1765	1875	2146
其他用品和服务	1107	1381	1529	1621	1025	1132	1216	1338	1447	1468

注：2014年开始消费支出中增加"自有住房折算租金"。

数据来源：历年《广州统计年鉴》。

表4-9　　　　2010—2019年城市常住居民人均
可支配收入消费性支出情况　　单位：元/人,%

年份	人均可支配收入		人均消费性支出	
	总量	增长率	总量	增长率（%）
2010	30658	11.0	25012	9.6
2011	34438	12.3	28210	12.8
2012	38054	11.4	30490	9.8
2013	42049	10.5	33157	8.7
2014	42955	8.9	33385	8.7
2015	46735	8.8	35753	7.1
2016	50941	9.0	38398	7.4

续表

年份	人均可支配收入		人均消费性支出	
	总量	增长率	总量	增长率（%）
2017	55400	8.8	40637	5.8
2018	59982	8.3	42181	3.8
2019	65052	8.5	45049	6.8

数据来源：《广州统计年鉴（2020）》。

消费市场数据也反映了居民消费升级的情况。随着人们收入水平不断提高、消费能力不断增强、消费需求不断升级，通讯器材、体育娱乐用品、文化办公用品、化妆品、日用品等品质类商品零售额增势良好，2011—2019 年这 5 类商品零售额年均分别增长 31.9%、25.3%、23.5%、20.3%、18.2%（见表 4-10）。

表 4-10　　　2010、2019 年广州限额以上批发和零售业零售额变动情况　　　单位：亿元，%

项目	2019 年零售额		2010 年零售额		2011—2019 年平均增速
	绝对值	占比	绝对值	占比	
合计	4588.13	100.0	1812.74	100.0	10.9
汽车类	1253.42	27.3	605.31	33.4	8.4
食品、饮料、烟酒类	583.28	12.7	152.95	8.4	16.0
石油及制品类	431.01	9.4	260.35	14.4	5.8
服装鞋帽、针、纺织品类	421.23	9.2	198.68	11.0	8.7
通讯器材类	404.75	8.8	33.56	1.9	31.9
日用品类	291.04	6.3	64.41	3.6	18.2
家用电器和音像器材类	276.11	6.0	151.10	8.3	6.9
化妆品类	254.45	5.5	48.36	2.7	20.3
中西药品类	238.88	5.2	158.65	8.8	4.7
文化办公用品类	144.42	3.1	21.63	1.2	23.5
金银珠宝类	110.90	2.4	31.34	1.7	15.1

续表

项目	2019年零售额 绝对值	2019年零售额 占比	2010年零售额 绝对值	2010年零售额 占比	2011—2019年平均增速
体育、娱乐用品类	72.74	1.6	9.52	0.5	25.3
其他类	30.31	0.7	29.38	1.6	0.3
家具类	27.24	0.6	11.44	0.6	10.1
书报杂志类	19.84	0.4	10.19	0.6	7.7
五金、电料类	14.59	0.3	6.57	0.4	9.3
建筑及装潢材料类	6.88	0.1	8.64	0.5	-2.5
机电产品及设备类	6.66	0.1	8.98	0.5	-3.3
电子出版物及音像制品类	0.39	0.0	1.55	0.1	-14.2
煤炭及制品类	0.00	0.0	0.15	0.0	-100.0

数据来源：《广州统计年鉴（2011）》《广州统计年鉴（2020）》。

(3) 网上消费等新兴消费模式发展迅速

随着消费群体结构的变化、消费观念的转变、生活节奏的加快和信息化水平的提高，居民消费方式正由传统的店铺式向无店铺式转变。2011年以来，网上消费成为广州零售额增长的最主要增长点，2019年全市限额以上批发零售业通过公共网络实现商品零售额1327.67亿元，占社会消费品零售总额的13.9%，2011—2019年平均增长58.4%，高于同期社会消费品零售总额增速（10.8%）47.6个百分点。

(三) 投资结构变动分析

1. 资本形成总额变动分析

资本形成总额包括固定资本形成总额和存货增加。从表4-11可以看出，2000—2009年广州资本形成率有所下降的原因在于固定资本形成总额占GDP的比重不断下降，从2000年的40.9%下降到2009年的30.5%，下降了10.4个百分点。2010年以来，固定资本形成总额占GDP的比重有所提高并保持基本稳定，2012—2017年保持在34%左右的水平。从增长情况看，2011—2017年资本形成总额年均增长9.7%，高于同期GDP增速0.3个百分点。其中，固定资本形成总额年均增长11.3%，高于同期GDP增速1.7个百分点，存货增加额则年均下降1.0%（见表4-11）。

表4-11　　　2000—2017年广州资本形成总额变动情况　　单位：亿元,%

年份	资本形成总额 绝对值	资本形成总额 占GDP比重	固定资本形成总额 绝对值	固定资本形成总额 占GDP比重	存货增加 绝对值	存货增加 占GDP比重
2000	993.60	41.8	971.67	40.9	21.93	0.9
2001	1057.73	39.4	1029.58	38.3	28.15	1.0
2002	1116.95	37.2	1081.41	36.0	35.55	1.2
2003	1354.86	36.0	1195.50	31.8	159.36	4.2
2004	1697.92	38.2	1463.42	32.9	234.50	5.3
2005	1748.72	33.9	1637.83	31.8	110.89	2.2
2006	2109.96	34.7	1889.68	31.1	220.28	3.6
2007	2324.34	32.7	2161.30	30.4	163.05	2.3
2008	2850.95	34.4	2492.12	30.1	358.82	4.3
2009	3101.29	33.9	2785.79	30.5	315.51	3.5
2010	3746.46	34.9	3336.49	31.0	409.97	3.8
2011	4120.24	33.2	3803.36	30.6	316.88	2.6
2012	4811.03	35.5	4466.52	33.0	344.51	2.5
2013	5493.73	35.6	5139.83	33.3	353.91	2.3
2014	6088.69	36.4	5767.08	34.5	321.62	1.9
2015	6428.97	35.5	6086.70	33.6	342.27	1.9
2016	7014.61	35.9	6647.94	34.0	366.67	1.9
2017	8045.41	37.4	7660.96	35.6	384.46	1.8

数据来源：历年《广州统计年鉴》。

2. 2010—2019年广州投资增长情况

2010—2019年广州投资增长呈现如下特点：一是投资规模保持较快增长，二是房地产开发投资增长快于建设改造投资，三是服务业投资占比较大、增长较快，四是民间投资是带动投资增长的重要动力。

（1）投资规模保持较快增长

2010—2019年广州固定资产投资总体保持持续较快增长态势，2019年投资额达到6920.21亿元，2011—2019年平均增长11.3%，高于同期GDP增速（8.6%）2.7个百分点。不过，在新常态下，2014—2017年广州投资增速持续下滑，2018、2019年在各项扩大投资措施的带动下增速回升至8.2%和16.5%（见图4-10）。

图4-10 2010—2019年广州全社会固定资产投资情况

数据来源：《广州统计年鉴（2020）》。说明：2018年固定资产投资统计制度有所改变，2018年指标增长速度按可比口径计算。

（2）房地产开发投资增长快于建设改造投资

从投资类别看，2019年建设改造和房地产开发分别完成投资3817.95亿和3102.26亿元，占全市投资总量的55.2%和44.8%；2011—2019年平均增速分别达到9.7%和13.6%，房地产开发投资增速高于建设改造投资3.9个百分点。从近年情况看，2015—2017年建设改造投资增长相对较慢，2016年甚至出现负增长，2018、2019年在工业投资较快增长以及交通、电力、环保等基础设施加快建设的带动下增速回升至16.2%和18.0%；2015、2016年房地产开发投资实现较快增长，2017、2018年受调控政策影响增速明显放缓，2019年在新建项目数量增加带动下增速回升至14.8%（见表4-12）。

表4-12　　　2010—2019年按投资类别分固定资产投资情况　单位：亿元，%

年份	建设改造投资		房地产开发投资	
	总量	增速	总量	增速
2010	2279.91	23.7	983.66	20.4
2011	2106.84	-0.6	1305.36	32.7
2012	2387.94	13.3	1370.45	5.0
2013	2882.12	20.7	1572.43	14.7
2014	3073.35	13.9	1816.15	15.5
2015	3268.36	6.3	2137.59	17.7
2016	3162.73	-3.2	2540.85	18.9
2017	3216.94	5.1	2702.89	6.4
2018	3236.47	16.2	2701.93	0.0
2019	3817.95	18.0	3102.26	14.8

数据来源：《广州统计年鉴（2020）》。

（3）第三产业投资占比较大、增长较快

从产业情况看，2019年第二产业和第三产业分别完成投资1045.10亿和5871.91亿元，占全市投资总量的15.1%和84.9%，2011—2019年平均增速为8.7%和11.9%。从近年情况看，2015—2017年第二产业投资增长相对较慢，2016年甚至出现负增长，2018、2019年在富士康、乐金OLED、广汽新能源汽车、百济神州、粤芯芯片等重大项目加快建设的带动下增速分别达到51.7%和8.7%；2015—2016年第三产业投资增速在10%以上，2017、2018年增速有所回落，2019年在金融业、教育、卫生和社会工作、租赁和商务服务业等投资较快增长的带动下增速回升至18.0%（见表4-13）。

表4-13　　　　2010—2019年各产业固定资产投资情况　　　单位：亿元，%

年份	第一产业 总量	第一产业 增长率	第二产业 总量	第二产业 增长率	第三产业 总量	第三产业 增长率
2010	3.43	-1.8	626.28	14.7	2633.87	24.8
2011	3.92	21.9	553.00	-11.4	2855.28	15.1
2012	7.19	83.3	599.87	8.5	3151.33	10.4
2013	10.73	50.8	716.91	19.5	3726.91	18.3
2014	15.19	67.3	717.42	7.3	4156.89	15.7
2015	33.77	122.3	779.55	8.7	4592.63	10.5
2016	21.16	-37.4	732.00	-6.1	4950.43	10.8
2017	10.51	-50.3	751.51	2.7	5157.81	6.4
2018	0.59	-71.5	961.43	51.7	4976.38	2.6
2019	3.20	-300.1	1045.10	8.7	5871.91	18.0

数据来源：《广州统计年鉴（2020）》。

（4）民间投资是带动投资增长的重要动力

从投资主体看，2011—2019年国有投资、民间投资、外商及港澳台投资年均分别增长6.5%、17.6%、7.2%，其中民间投资是带动投资增长的重要动力。2011年以来各类投资主体投资额增长情况出现分化。国有投资方面，2011—2017年增长乏力，投资额年平均增速仅为0.05%，占全市投资的比重由2010年的47.6%下降到2017年的22.9%，不过，2018、2019年在交通、环保等重大基础设施建设的带动下，国有投资分别实现29.5%和36.1%的较快增长，2019年占全市投资的比重回升至30.4%。民间投资方面，2011—2016年投资额较快增长，年平均增速达到24.6%，高于同期投资增速（11.9%）12.7个百分点，占全市投资比重由2010年的33.9%上升到2016年的

44.2%,是拉动投资增长的主力,2017、2018年受经济新常态等因素影响连续两年出现负增长,2019年民间投资有所恢复,投资额实现27.8%的增长,占全市投资比重为40.5%。外商及港澳台投资方面,各年投资额占全市投资比重保持在19%左右,2011—2017年平均增速为9.6%,2018年在富士康、乐金OLED等重大产业项目带动下投资额大幅增长33.7%,但2019年受上述大项目投资增长放缓等因素影响下降19.3%(见表4-14)。

表4-14　　2010—2019年按投资主体分固定资产投资情况　单位:亿元,%

年份	国有投资 总量	国有投资 增长率	民间投资 总量	民间投资 增长率	外商及港澳台投资 总量	外商及港澳台投资 增长率
2010	1552.85	22.0	541.45	16.6	605.55	20.7
2011	1285.89	-10.6	691.35	31.9	647.53	7.6
2012	1233.06	-4.1	1158.11	20.5	827.24	27.8
2013	1197.95	-2.8	1512.92	31.6	886.26	7.1
2014	1391.84	23.7	1814.37	24.9	885.49	2.2
2015	1301.30	-6.5	2397.76	35.8	941.92	6.4
2016	1310.97	0.7	2519.77	5.3	1114.15	18.3
2017	1355.98	3.4	2495.73	-1.0	1015.46	-8.9
2018	1543.98	29.5	2194.73	-9.1	1128.53	33.7
2019	2102.03	36.1	2805.56	27.8	910.73	-19.3

注:2012年开始,民间投资统计口径有所改变,2012年指标增长速度按可比口径计算。

数据来源:历年《广州统计年鉴》。

(四)货物和服务净流出变动分析

1. 货物和服务净流出变动分析

2000年以来货物及服务净流出的贡献呈抛物线走势,2001—2009年所占份额持续上升,由2000年的10.5%提高到2009年的25.4%,其原因在于广州作为国家中心城市对华南地区的辐射带动作用较强,汽车、石化等重化工业的快速发展及出口较快增长等。2009年以来,受全球经济危机影响,我国出口增速持续下滑,珠三角外向型经济受到一定冲击,货物及服务净流出占GDP的比重持续回落,2017年降至11.5%;对经济增长的贡献也有所降低,2009年、2010年和2015年贡献率出现负值,2016年贡献率仅为3.9%,远低于2002—2007年20%以上的水平(见表4-15)。

表4-15　　2000—2017年广州货物和服务净流出变动情况

年份	绝对值（亿元）	占GDP比重（%）	贡献率（%）	拉动（百分点）
2000	248.76	10.5	26.8	3.6
2001	294.74	11.0	7.9	1.0
2002	377.27	12.6	22.9	3.1
2003	696.34	18.5	38.7	5.9
2004	851.75	19.1	41.9	6.3
2005	1147.25	22.3	61.0	7.9
2006	1345.47	22.2	21.5	3.2
2007	1760.29	24.8	37.0	5.7
2008	1813.91	21.9	17.9	2.3
2009	2324.52	25.4	-15.3	-1.8
2010	1896.38	17.6	-11.9	-1.6
2011	2295.85	18.5	32.6	3.7
2012	2127.21	15.7	2.2	0.2
2013	2548.95	16.5	17.6	2.0
2014	2614.45	15.6	9.1	0.8
2015	2380.67	13.2	-1.8	-0.2
2016	2397.72	12.1	3.9	0.3
2017	2468.70	11.5	12.0	0.8

数据来源:历年《广州统计年鉴》。

货物和服务净流出包括两个部分：一是广州的货物和服务对境外的净出口，二是广州的货物和服务对国内其他地区的净流出。由于缺乏广州对国内其他地区货物和服务净流出的详细数据，没有办法进行细化分析。从净出口情况看，2010—2011年受全球经济危机影响，出口增长放缓，出现商品进口总值大于出口总值的情况；2012年进出口额基本相当；随着外贸新业态的快速成长，2013—2017年出口实现较快增长，净出口不断增加，2017年达到1869.34亿元，占GDP的比重上升至8.7%；2018、2019年受中美经贸摩擦等因素影响出口分别减少3.2%和6.2%，进出口差额占GDP的比重下降至6.7%和2.2%（见表4-16、图4-11）。

表4-16　　　　2010—2019年广州商品进出口总值情况

（按人民币计价）　　　　单位：亿元，%

年份	进口总值	出口总值	进出口差额	净出口额占GDP的比重	净出口占货物和服务净流出的比重
2010	3749.56	3275.02	-474.54	-4.5%	-25.0%
2011	3855.52	3647.54	-207.97	-1.7%	-9.1%
2012	3677.16	3719.01	41.85	0.3%	2.0%
2013	3473.70	3889.76	416.06	2.8%	16.3%
2014	3555.15	4467.65	912.50	5.7%	34.9%
2015	3271.71	5034.57	1762.86	10.2%	74.0%
2016	3382.26	5158.76	1776.50	9.6%	74.1%
2017	3923.09	5792.43	1869.34	9.4%	75.7%
2018	4204.09	5607.50	1403.41	6.7%	
2019	4742.68	5258.36	515.68	2.2%	

注：表中2010—2014年进出口总值（以人民币计价）是各年统计年鉴中以美元计价的进出口总值乘以当年美元兑人民币平均汇率得到。

数据来源：历年《广州统计年鉴》。

图 4-11 2010—2019 年广州商品进出口总值增长情况

说明：2010—2013 年商品进口总额、商品出口总额增速按美元计价，2014—2019 年商品进口总额、商品出口总额增速按人民币计价。

2. 2010—2019 年广州出口增长情况

2010—2019 年广州出口呈现如下特点：一是出口产品结构变化不大，二是民营企业出口实现较快增长，三是出口市场渐趋多元化，四是服务贸易、市场采购、跨境电商等外贸新兴业态蓬勃发展。

（1）出口产品结构变化不大

机械、电气设备、电视机及音响设备是广州第一大出口商品，2019 年出口额达到 216.76 亿美元，2011—2019 年占比保持在 30% 左右。纺织原料及纺织制品是第二大出口商品，2019 年出口额达到 98.68 亿美元，2011—2019 年占比保持在 15% 左右。以家具、床上用品、照明装置、玩具为主的杂项制品是第三大出口商品，2019 年出口额达到 72.20 亿美元，占比为 9.5%，比 2010 年提高 2.8 个百分点。仪器、医疗器械、钟表及乐器和贱金属及其制品这两类商品出口份额变动不大，2011—2019 年保持在 7% 左右。车辆、航空器、船舶及有关运输设备出口份额持续下滑，2019 年为 6.1%，比 2010 年回落 3.6 个百分点（见图4-12）。

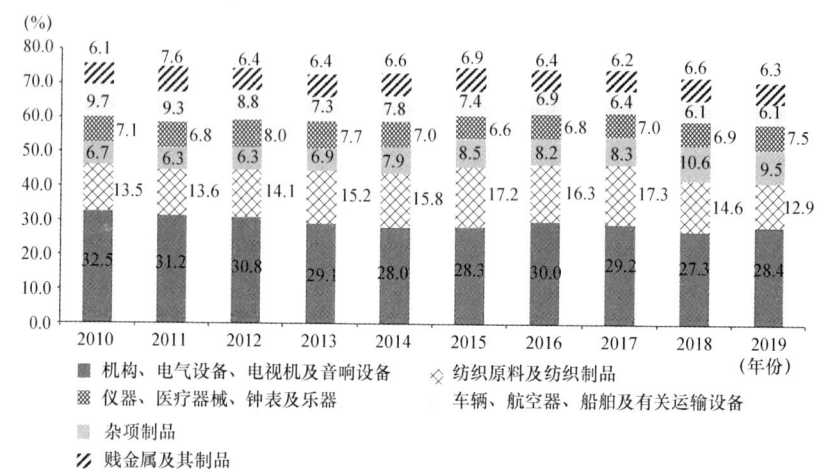

图4-12 2010—2019年广州主要出口商品占比情况

年份	机构、电气设备、电视机及音响设备	仪器、医疗器械、钟表及乐器	杂项制品	纺织原料及纺织制品	车辆、航空器、船舶及有关运输设备	贱金属及其制品
2010	32.5	13.5	6.7	7.1	9.7	6.1
2011	31.2	13.6	6.3	6.8	9.3	7.6
2012	30.8	14.1	6.9	8.0	8.8	6.4
2013	29.1	15.2	6.9	7.7	7.3	6.4
2014	28.0	15.8	7.9	7.0	7.8	6.6
2015	28.3	17.2	8.5	6.6	7.4	6.9
2016	30.0	16.3	8.2	6.8	6.9	6.4
2017	29.2	17.3	8.3	7.0	6.4	6.2
2018	27.3	14.6	10.6	6.9	6.1	6.6
2019	28.4	12.9	9.5	7.5	6.1	6.3

说明：杂项制品包括家具、床上用品、照明装置、活动房，玩具、游戏、运动用品及零附件，杂项制品三类商品。

数据来源：历年《广州统计年鉴》。出口额以美元计价。

（2）民营企业出口实现较快增长

民营企业出口持续活跃，2019年出口额达到401.91亿美元，比2010年增长2.97倍，远高于同期全市出口平均增速（57.6%）；占全市出口总值的比重达到52.7%，比2010年提高31.8个百分点。国有企业和外商及港澳台投资企业参与外贸出口的优势有所下降，2010年以来所占份额有所下滑，2019年出口额分别达到78.29亿和282.03亿美元，占全市出口总值的比重为10.3%和37.0%，比2010年下降9.8个和22.0个百分点（见表4-17）。

表4-17　　　2010—2019年不同类型企业出口情况　　单位：亿美元,%

年份	国有企业		外商及港澳台投资企业		民营企业	
	总量	占比	总量	占比	总量	占比
2010	97.23	20.1	285.25	59.0	101.31	20.9

续表

年份	国有企业		外商及港澳台投资企业		民营企业	
	总量	占比	总量	占比	总量	占比
2011	120.62	21.4	322.61	57.1	121.51	21.5
2012	117.56	20.0	339.31	57.6	132.27	22.5
2013	127.56	20.3	329.87	52.5	170.63	27.2
2014	128.95	17.7	344.21	47.3	253.97	34.9
2015	136.20	16.8	342.88	42.2	332.59	41.0
2016	123.22	15.8	306.34	39.2	352.20	45.1
2017	111.70	13.1	308.96	36.2	432.53	50.7
2018	89.36	10.5	309.42	36.5	449.73	53.0
2019	78.29	10.3	282.03	37.0	401.91	52.7

数据来源：历年《广州统计年鉴》。

(3) 出口市场渐趋多元化

中国香港、美国、欧盟、东盟和非洲是广州五大传统出口市场，2019年合计出口额达到515.90亿美元，占全市总量的67.7%。2011年以来广州对部分传统市场出口份额有所下降，2019年对中国香港出口105.65亿美元，对美国出口100.40亿美元，对欧盟出口118.55亿美元，占比分别达到12.5%、11.8%和14.0%，比2010年下降13.5个、7.1个和2.3个百分点。对新兴市场出口持续增加，2019年广州对东盟出口108.94亿美元，对非洲出口82.36亿美元，对拉丁美洲出口55.62亿美元，分别为2010年的2.71、4.07和1.97倍，占比达到12.8%、9.7%和6.6%，比2010年提高4.5个、5.5个和0.7个百分点（见图4-13）。

(4) 服务贸易、市场采购、跨境电商等外贸新业态蓬勃发展

近年来，服务贸易、市场采购、跨境电子商务等新业态是外贸发展新增长点。其中，服务贸易实现较快发展，2019年贸

2010年

- 其他国家和地区，99.16亿美元，占比20.5%
- 拉丁美洲，28.26亿美元，占比5.8%
- 非洲，20.26亿美元，占比4.2%
- 东盟，40.26亿美元，占比8.3%
- 欧盟，78.68亿美元，占比16.3%
- 中国香港，125.42亿美元，占比25.9%
- 美国，91.75亿美元，占比19.0%

2019年

- 其他国家和地区，190.65亿美元，占比22.5%
- 拉丁美洲，55.62亿美元，占比6.6%
- 非洲，82.36亿美元，占比9.7%
- 东盟，108.94亿美元，占比12.8%
- 中国香港，105.65亿美元，占比12.5%
- 美国，100.40亿美元，占比11.8%
- 欧盟，118.55亿美元，占比14.0%

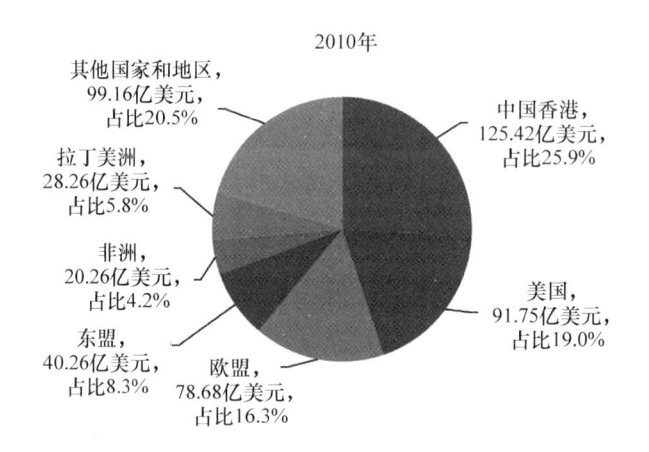

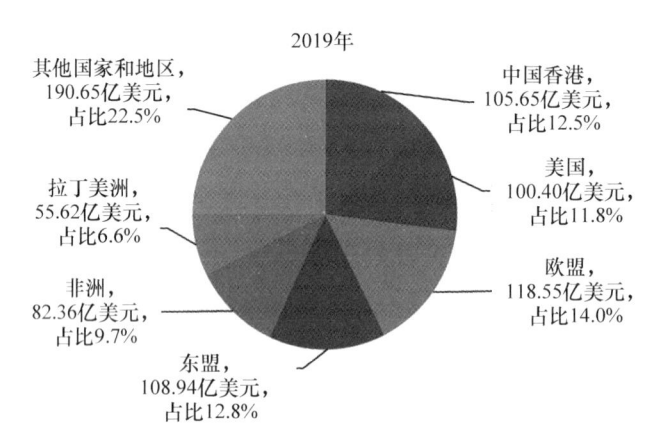

图4-13 2010、2019年广州出口商品主要目的地情况

数据来源：《广州统计年鉴（2011）》《广州统计年鉴（2020）》。

易额预计达到530亿美元，占对外贸易总量的比重从2015年的17.9%提高到2019年的超过30%，新兴业态快速发展，数字服务、游戏动漫、娱乐服务、互联网国际营销等领域在全国处于领先地位。2017年广州国家级市场采购贸易方式试点正式启动，2018年以该方式出口商品1580.90亿元，占出口总值的28.2%，2019年受外贸环境、监管政策、扶持政策调整等影响出口额下降至1178.40亿元，但仍占出口总值的22.4%。2013年广州成为跨境电子商务试点城市，2016年1月获批成为跨境电子商务综合试验区，近年来跨境电商进出口业务量实现较快增长，2019年进出口额达到385.90亿元，比上年增长56.4%，占全市进出口总值的比重为3.9%，进出口额仅次于东莞排名全国第二位，其中出口额132.70亿元，比上年大幅增长171.7%。

三　新常态下广州需求结构变动趋势判断

（一）新常态下我国需求结构变化趋势判断

改革开放以来，我国经济依次经过了出口导向拉动和投资增长拉动的快速增长，2011年开始最终消费的增长率大于资本形成总额的增长率，消费支出逐步成为经济增长的主要拉动力量，经济增长的动力正从出口和投资拉动逐步转向投资和消费双推动。2011年以来，我国最终消费额和资本形成总额对经济增长的贡献率趋于缓和，对经济增长的拉动作用更加平稳，货物和服务净出口额贡献率也由原来的大幅振荡转入小幅波动区间（见图4-14、图4-15）。

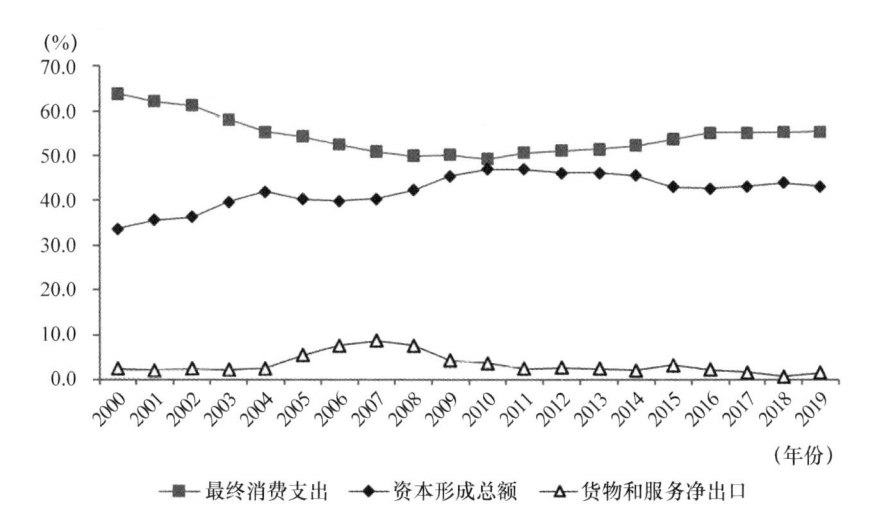

图4-14　2000—2019年我国三大需求占GDP的比重
数据来源：《中国统计年鉴（2020）》。

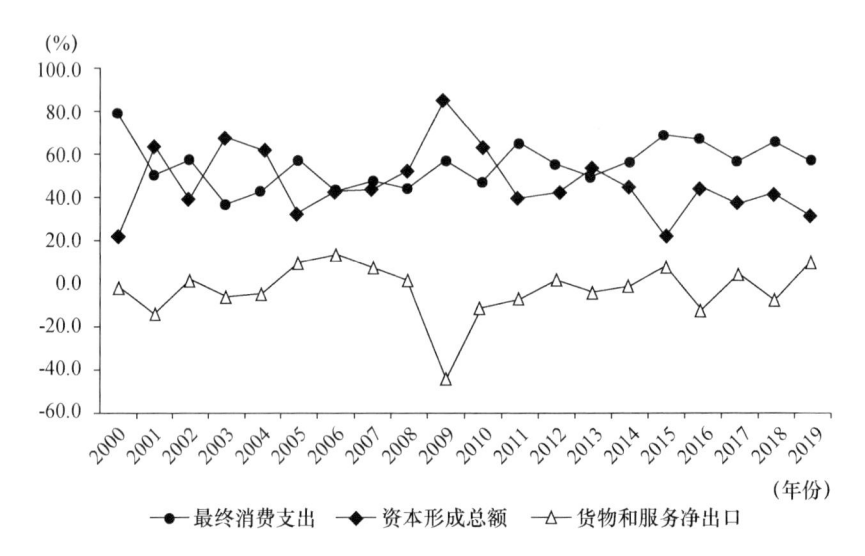

图 4-15　2000—2019 年三大需求对我国经济增长的贡献率情况

数据来源:《中国统计年鉴(2020)》。

展望未来,国际环境日趋复杂,不稳定性不确定性明显增加,新冠肺炎疫情对全球经济社会发展造成广泛且深远的影响,经济全球化遭遇逆流,国际贸易保护主义越发严峻,大国竞争不断加剧,全球动荡源和风险点增多,逆全球化的单边主义、保护主义和孤立主义对世界和平与发展构成威胁,市场需求成为稀缺性资源。我国经济已转向高质量发展阶段,处于罗斯托的成熟发展阶段,超大规模市场是我国经济发展新的比较优势,内需是支撑我国经济稳定增长的决定因素。未来我国经济将以内需为战略基点,加快建设现代化经济体系,加快构建以国内大循环为主体、国内国际双循环相互促进的新发展格局,努力实现更高质量、更有效率、更加公平、更可持续、更为安全的发展。预计我国经济增长将从以投资驱动为主向消费驱动转变,消费贡献率将稳步提升,有效投资仍起到关键作用且对优化供给结构意义重大,出口对经济增长的贡献有所下降但起到独特作用。

第四章 新常态下广州经济增长动力——基于需求结构的分析

1. 消费是支撑我国经济稳定增长的基础性引领性因素

以往较长一个时期，我国消费保持了较高的增长速度，但由于投资的增长速度更高，形成了消费比重偏低的现象。新常态下，随着投资增长放缓，消费重要性不断提升。2019年我国社会消费品零售总额达到40.80万亿元，2016—2019年均实际增长7.8%，增速较"十二五"时期回落3.5个百分点；最终消费支出占GDP的比重为55.4%，比2010年提高6.1个百分点，2016—2019年我国最终消费支出对经济增长的贡献率分别达到66.5%、57.5%、65.9%和57.8%，分别高于同期资本形成总额贡献率21.5个、19.8个、24.4个、26.6个百分点。展望未来，消费是支撑我国经济稳定增长的决定因素，在促进国内国际双循环中发挥关键作用。从国际比较来看，发达国家最终消费率的平均水平保持在75%左右，反映出我国消费提升仍有较大潜力，预计到2025年我国消费率将上升至58%左右。经济新常态下，我国消费将出现以下新的发展趋势。

（1）消费结构转向优化升级阶段

国际经验表明：一国人均GDP进入7000美元后居民即从生存性消费为主转向发展性消费为主，恩格尔系数继续下降，服务消费比重上升。2019年我国人均国民总收入上升至10410美元，首次突破1万美元大关，高于中等偏上收入国家9074美元的平均水平；全国居民恩格尔系数下降到28.2%，实现连续8年下降，已达到联合国20%—30%的富足标准。这表明生存性消费比重在不断下降，发展型、享受型消费比重在不断上升。

（2）"新消费"层出不穷

新消费是指因消费结构、消费动力及消费习惯等发生变化而产生的新的消费种类、消费热点、消费业态、消费模式。从消费结构看，新消费中服务消费占比和增幅都在不断提升，其中文化、娱乐、休闲消费以及社交应酬消费所占比例都在不断提升。从消费模式看，原来的模仿式、排浪式消费基本结束，个性化、多样化消费成为主流，更加突出与消费者相关需求的互动，供给创新激发潜在消费需求，消费者直达工厂（Customer to Manufacturer）反向定制模式快速发展，产品生产端快速、工业化、低成本地响应并满足客户的定制化需求，快速生产"不一样"的产品，做到顾客与品牌商的无缝连接。从消费热点看，体验型参与式消费、多元功能融合式消费、线上线下互动式消费、个性化时尚化消费、定制式匹配型消费越来越受到欢迎，特别在青年人的消费中成为主流。

（3）消费形式日益碎片化

消费形式碎片化主要体现在消费时间和消费群体上。互联网的快速发展和智能移动客户端的普及，极大地方便了人们生活的同时，也在改变着人们的生活方式。每天打开手机或电脑，新鲜多样的信息分散着消费者的注意力，快餐式的浏览已成为越来越多消费者接受信息的方式，消费时间日益碎片化。消费群体的碎片化不仅体现在传统的年龄、地域、行业上，新媒体、社交平台、网上直播带货的蓬勃发展使得相关消费增长迅猛，潜在用户被切分得越来越细。

（4）共享消费被广泛接受

信息通信技术在消费服务领域的创新应用，催生了大量的共享经济消费新业态，以网约车、共享住宿、在线外卖、共享医疗等为代表的共享消费模式，成为推动我国服务业结构优化、快速增长和消费方式转型的新动能。国家信息中心分享经济研究中心发布的《中国共享经济发展报告（2020）》显示，2019年共享经济市场交易额为32828亿元，比上年增长11.6%，其中生活服务、生产能力、知识技能三个领域共享经济交易规模位居前三，分别达到17300亿元、9205亿元和3063亿元；共享经济参与者人数约8亿人，参与提供服务者人数约7800万人；网约车客运量占出租车总客运量近四成，在线外卖收入占全国餐饮业收入的比重达到12.4%。2016—2019年，网约车用户在网民中的普及率由32.3%提高到47.4%；在线外卖用户普及率由30%提高到51.6%；共享住宿用户普及率由5%提高到9.7%；共享医疗用户普及率由14%提高到21%。

(5) 消费国际化更明显

消费购买的时空限制因国际化、信息化深化被彻底打破，消费国际化更加明显。互联网改变了世界，真正把世界变成了地球村，变成了人类命运共同体，实现了万物互联、万地互联，网上购物、支付、结算、预约实现了全天候、全空间一体化，彻底打破了传统商业贸易模式下的交易时空限制，在互联网背景下消费者跨境购物、旅游、休闲、开会、学习、度假、探亲等活动更加频繁，消费国际化趋势越来越明显。

2. 有效投资在经济增长中起到关键性支撑作用

我国经济由高速增长转向中高速增长，投资减速是最为明显的内需因素。2019年，我国全社会固定资产投资56.09万亿元，2016—2019年平均增长6.5%，增速较"十二五"时期回落11.1个百分点；资本形成总额占GDP的比重为43.12%，比2010年回落3.9个百分点。展望未来，有效投资在经济增长中起到关键性支撑作用，是推进供给侧结构性改革，建设现代化经济体系，构建以国内大循环为主体、国内国际双循环相互促进的新发展格局，实现经济高质量发展的重要抓手。预计未来我国固定资产投资将保持平稳增长，2025年资本形成总额占GDP的比重将保持在40%左右。经济新常态下，未来我国投资重点将出现在以下几个方面。

(1) 基础设施投资仍有较大的发展空间

尽管我国高速公路、高速铁路总里程已经达到世界第一，东部地区的公路、铁路密度也已经接近发达国家水平，但我国人均基础设施资本存量与发达国家相比仍有一定差距，部分城市交通、信息、能源、市政、水利等基础设施短板有待完善。因此，未来我国仍面临着大量的基础设施建设任务，在基础设施互联互通、区域协同发展、新型城镇化建设、生态系统保护修复、防洪减灾等领域，仍有大量投资机会涌现。同时，伴随着先进制造业和数字经济的发展，5G商用、人工智能、工业互联网等新型基础设施建设也将会释放巨大的投资需求。

（2）产业投资向提质增效方向发展

随着我国供给侧结构性改革的稳步推进，产能过剩行业逐步出清，"僵尸企业"加快退出市场。随着营商环境改革的持续深化，社会各类营商成本在一定程度上有所降低，技术创新将会成为企业竞争优势的主要源泉，各类产业集群将成为重点培育和发展的对象，新技术、新业态、新组织形式、新产业集群将大规模出现。未来产业投资面临结构调整升级、环保要求提升、产业链供应链完善等机遇，新动能和转型升级投资将持续活跃，农业现代化、制造业转型升级补链强链、现代服务业、高技术产业、节能环保等方面的投资有望保持较快发展。

（3）公共服务领域投资是重点

教育、文化、体育、健康、住房保障是公共服务的重要领域，是产业发展的新增长点，也是经济发展的新动力源。进一步加大对教育、医疗卫生、住房保障等社会性领域的投资力度，不仅增加了当期投资，而且对长期拉动消费具有积极的正面效应。一方面，它可以降低居民的远期支出预期，减少预防性储蓄，提高居民的消费倾向；另一方面，可以促进人力资本积累，有效解决农民工及其家庭的市民化问题，充分释放城市化对扩大消费需求的促进作用。预计未来基础教育、科研设施、公共卫生、公共安全、民生保障等补短板、增功能、利长远的项目建设将加快推进。

（4）房地产开发投资将有望保持平稳增长

新常态下，房地产开发投资增长的主要动力是新型城镇化。随着全国城镇化水平的不断提升，特别是未来更多常住人口将在城镇定居，住房需求仍将有较大增长空间。但是，我国房地产市场绝对短缺的时期已经过去，总量问题基本解决，未来发展的机会主要在于结构，住房市场的主力军将是改善性需求和刚性需求并存，且改善性需求量将逐渐超出刚性需求量。预计未来房地产长效调控机制将进一步健全完善，以公共租赁住房、保障性租赁住房、共有产权住房为主的保障性住房，满足不同人群消费需求的商品住房和市场化租赁住房需求量将保持一定规模，相关投资有望保持平稳增长。

（5）城市更新投资是新增长点

随着我国经济发展由高速增长阶段转向高质量发展阶段，过去"大量建设、大量消耗、大量排放"的城市开发建设模式已经难以为继。城市更新是我国工业化城镇化发展到一定阶段后必然面临的新命题，是解决城市发展问题的国际通用做法，是促进城市可持续发展、使城市变得更好的一种综合战略，是城市转型时期的重要发展模式。实施城市更新行动，推动城市结构调整优化和品质提升，对于全面提升城市发展质量、不断满足人民群众日益增长的美好生活需要、促进经济社会高质量发展，具有重要且深远的意义。预计未来我国城市更新工作将加快推进，相关投资有望保持较快发展。

3. 出口对经济增长仍起到独特作用

加入WTO使我国参与全球市场，分享国际分工的红利，形成出口导向型经济增长。但是，近年来受劳动力、土地、环境等要素成本上升、人民币汇率升值、国际贸易保护主义愈演愈烈等因素影响，我国货物进出口增长有所放缓，2019年出口总额仅增长0.5%，进口总额下降2.7%（以美元计价），货物和服务净出口占GDP的比重仅为1.5%，比2010年下降2.2个百分点。在新常态下，虽然我国转变经济增长方式从"出口投资依赖型"向"消费主导型"转变，更加注重内需驱动作用，但是出口对经济增长仍起到独特作用。我国在构建以国内大循环为主体、国内国际双循环相互促进的新发展格局过程中，只有进一步深化改革扩大开放，在"大循环""双循环"中充分发挥和利用国内外"两个市场""两种资源"，积极统筹利用自身优势以及其他国家和地区的比较优势与市场空间，才能促进国内外要素有序自由流动，实现资源的高效配置和市场的深度融合，形成内外联动的良性经济循环。展望未来，我国出口将保持低速增长，出现以下发展趋势。

(1) 出口产品向中高端水平迈进

作为全球第一制造业大国，我国产业配套齐全，经济社会稳定，培育了大批掌握熟练技术的制造业工人和技术管理人才，在国际上已经有较为成熟的销售网络和服务网络，后疫情时代中国作为世界工厂的重要性将更加凸显。近年来我国装备制造业、高科技产业发展迅速，国际竞争力稳步提升，出口产品结构向中高端水平迈进。同时，我国对外投资合作进入快速发展期，国际产能合作启动，将有力地带动大型成套设备及零部件、工程物资等高端产品出口。此外，面对国内外环境的深刻变化，出口企业转型升级意识增强，主动培育以技术、品牌、质量、服务为核心的外贸竞争新优势，更加注重产品自主研发和设计，努力增加产品附加值。

(2) 多元化的国际市场有利于我国出口企业发展

世界各国发展迥异，市场需求差异较大，这为我国生产的各类高、中、低档产品出口造就了多层次营销空间。在对外贸易中，我国外贸企业将积极提升产品档次，加大高端产品出口规模，向各国提供不同层次的优质产品。同时，"一带一路"建设将为我国出口带来新的动力，未来我国与沿线国家贸易合作领域将进一步拓宽，贸易结构将持续优化，贸易规模有望不断扩大，为我国出口企业高质量发展带来新机遇。

(3) 多层次的出口模式更能发挥各地区优势

目前我国区域经济不平衡问题仍然存在，各省级区域经济基础、资源禀赋、区位条件、产业体系、科技与创新能力等仍存在一定差异。未来各地将依托自身的不同条件，构建与本地区生产力水平相适应的发展模式和出口模式。东部地区将加大开放程度，从人才培养、技术创新等领域入手，重点发展现代服务业、高科技产业出口。中西部地区和东北地区将着力提高要素使用和资源配置效率，加快承接东部沿海地区产业转移，拓展发展新空间，深化改革扩大开放，通过重点推进"一带一路"等国家战略布局，促进中西部地区对外贸易的加快发展。

（二）新常态下广州需求结构变动影响因素分析

1. 影响广州消费的主要因素

未来支撑消费稳定增长的有利因素有：一是民生领域改革持续深化。党的十九大报告提出，要提高保障和改善民生水平，加强社会保障体系建设。未来教育、医疗、社会保障等民生领域改革将持续深化，在更大程度上降低居民消费的后顾之忧，有利于消费需求释放。二是经济稳定增长持续支撑消费增长。2016—2019年广东经济年均增长7.0%，广州经济年均增长6.8%，2019年广东和广州城市常住居民人均可支配收入分别达到48118和65052元，对消费增长形成重要支撑。三是综合消费环境改善推动消费增长。广州多中心城市格局加快形成，新的商圈、商业中心加快扩容完善，特别是空港、海港、轨道交通、高速路网等基础设施网络不断完善，城市集聚辐射功能显著增强，对市外消费者的吸引力也不断增强。四是新产品、新模式成为消费增长的强大动力，可穿戴设备、绿色食品等新兴产品市场需求旺盛，旅游、休闲、文化、体育、教育等个性化、多元化新兴消费模式和消费热点正在成为新的消费增长点。但是，全球新冠肺炎疫情形势依然严峻，世界经济增长前景未明，这会对消费能力和预期造成一定影响，而房地产调控持续从严，将对相关领域消费增长形成一定制约。

2. 影响广州投资的主要因素

未来支撑投资增长的有利因素主要有：一是未来我国将继续实施积极的财政政策和稳健的货币政策，支持在关键领域和薄弱环节扩大有效投资，进一步深化投融资体制改革，落实鼓励支持民间投资政策，这些政策会为广州投资增长提供较好的政策环境。二是作为国家重要中心城市，广州投资环境优越，具有良好的基础设施、深厚的人文底蕴和优良的生态环境，重视、包容科技创新，是创业投资佳地、宜居生活之城。三是新的投资热点不断涌现，新一代信息技术、人工智能、生物医药等战略性新兴产业正在成为投资热点，以旅游、文化、体育、健康、养老为代表的五大幸福服务产业发展迅速。四是城市更新加快推进，2020年4月中共中央、国务院印发《关于构建更加完善的要素市场化配置体制机制的意见》提出："鼓励盘活存量建设用地。"2020年9月，广州出台《广州市深化城市更新工作推进高质量发展的工作方案》等文件，颁布实施城市更新"1+1+N"政策体系，大力推进城市更新工作。但是，目前项目建设仍存在土地和资金两大难题，征地拆迁难、国家严控金融风险将对投资增长形成一定制约。

3. 影响广州出口的主要因素

未来支撑外需增长的有利因素主要有：一是党的十九大报告提出，要实行高水平的贸易和投资自由化便利化政策，这为广州扩大外需提供了良好的政策环境。二是随着新冠肺炎疫苗在全球上市，疫情形势有望在部分国家出现改善，推动相关国家经济复苏，带动全球贸易恢复增长，同时疫情防控为相关服务和产业带来巨大市场，国外生产受疫情影响出现停滞导致部分需求转向国内等，为广州外贸发展提供新市场。三是"一带一路"高质量发展稳步推进，区域全面经济伙伴关系协定（RCEP）正式签署，中欧投资协定如期达成，我国将坚持实施更大范围、更宽领域、更深层次对外开放，这些均为广州对外经济发展提供了新机遇,可以借势加强与沿线国家战略对接和务实合作,加快对外经贸发展。四是随着粤港澳大湾区、轨道交通网络建设的深入推进,广州与珠三角地区及高铁经济带沿线城市的联系将更为紧密,这有利于广州更好地发挥辐射带动作用,引领和带动泛珠三角地区加快发展。但是,全球经济在经历长期低迷和分化后"逆全球化"思潮和保护主义倾向有所抬头,我国商品出口仍面临发达国家下压和发展中国家上挤的双重压力,未来出口形势仍不容过于乐观。

(三)新常态下广州需求结构变化趋势判断

2019年,广州人均GDP达到2.27万美元。按照罗斯托模型,广州已迈入追求生活质量阶段;按照钱纳里模型,广州已处于后工业化时期;按世界银行收入划分标准,广州已步入世界高收入地区行列。但是,由于我国经济总体尚处于工业化中期,广州工业高级化进程仍未完成,先进制造业、战略新兴产业尚处于大规模布局阶段,创新对经济增长的贡献率依然偏低,投资驱动仍有很大空间。因此,在今后相当长的时期内,广州经济仍将处于带有后工业化特征的工业化高级阶段。预计未来广州经济增长需求侧动力仍是消费与投资,其中,消费将继续稳定支撑经济增长,有效投资在经济增长中仍起到关键作用,外需对经济增长拉动将保持一定水平。

1. 消费将成为支撑经济增长的主要动力

随着社会保障体系不断完善,抑制消费动力的因素有望逐步突破,未来居民消费水平将持续提高,消费结构将不断升级,政府消费率有望保持较快增长。新常态下,影响消费需求的宏观环境和政策基本面不会发生太大变化,且刺激消费是应对经济减速和稳定增长的重要举措,预计未来广州消费有望保持稳步增长,成为支撑经济增长的主要动力,预计最终消费支出占GDP的比重2025年将达到54%左右。

(1) 政府消费有望保持较快增长

随着民生保障覆盖范围越来越广，保障水平稳步提高，社会管理需求不断扩大，政府在社会事业和医疗教育等公共服务领域、城乡基础设施建设、生态环境等方面刚性支出将有所增加。同时，随着我国新型城镇化加快推进、广州人口总量不断增多、社会对政府经济管理及社会管理需求的扩大等，政府消费有望保持较快增长。

从政府消费结构来看，一方面，政府行政管理支出是典型的非生产性支出，未来随着行政管理体制改革的深入推进、信息系统的广泛应用和行政人员办事效率的提高，行政管理支出有望逐步降低；另一方面，随着民生保障范围的不断扩大，教育、医疗、社保等民生支出将保持较快增长，科教文卫支出是生产性支出，在未来提高软实力、竞争力和创新力的要求下，相关支出特别是教育及研发方面的支出将持续加大。

(2) 居民消费规模将进一步扩大

随着各项改革的深入推进，养老、医疗、教育、就业、住房等社会保障体制机制不断健全，满足人们消费升级需求的硬件、软件条件不断完善，居民消费市场规模将进一步扩大。居民消费结构从生存型向发展型和享受型不断升级，消费产品也会随着科技进步不断更新换代，发展型消费内容日益增多，享受型消费日渐丰富，教育文化、医疗保健、旅游休闲等消费需求进一步增大，以网络文化、电子商务、公共信息共享为代表的信息消费，以新能源汽车为代表的绿色消费等将成为主要的增长热点。因此，增强消费的经济增长动力，将在很大程度上取决于新兴服务业、新兴业态、新兴模式的发展，消费升级的带动作用将更加凸显。

2. 投资在经济增长中仍起到关键作用

目前广州仍处于城市化、新型工业化、信息化快速推进阶段，从城市化来看，作为国家中心城市，广州每年新增四五十万的常住人口，对城市居住、环境、公共服务和基础设施配套等提出大量需求；从工业化来看，广州工业发展相比国内先进城市，无论是规模还是发展速度上均有一定差距，特别在先进制造业、战略性新兴产业、传统产业转型升级方面还有巨大潜力，现代服务业也在加快发展；从信息化来看，以信息技术等为代表的新一轮技术进步浪潮正在兴起，新产业、新业态、新技术、新模式不断出现。展望未来，无论是创新能力提升、战略性新兴产业培育、新旧动能更替，还是城市更新、公共服务能力提升，都离不开大量的投资。新常态下，投资在经济增长中仍起到关键作用，对优化供给结构至关重要，预计广州投资将保持稳定增长，资本形成总额占 GDP 的比重在 2025 年保持在 38% 左右的水平。

（1）基础设施建设仍然处于较快增长期

广州正加快推进国际综合交通枢纽建设，优化提升海陆空立体化的战略性基础设施体系，实施新基建行动计划，加快推进城市更新工作，高水平建设南沙副中心，积极参与粤港澳大湾区建设，积极补齐教育、医疗、安全、文化、体育等公共服务设施短板，进一步完善水利等生态环境设施，未来城市基础设施建设将继续成为拉动投资增长的重要动力。尽管资金来源受到经济下行压力较大、防范金融风险等制约，但随着融资渠道、财政体制等改革持续深化，基础设施投融资体制机制将更加健全，可为广州相关投资增长提供较好的政策环境。

（2）新兴产业投资潜力巨大

当前以云计算、物联网、大数据、人工智能、虚拟现实、新一代移动通信、生物技术、新材料、新能源、新交通等为代表的新一轮技术进步大潮正在迅速兴起，一大批具有颠覆性的新产业、新业态、新技术、新模式正在不断孕育和成长，这些均带来新的投资机会。随着近年来广州投资环境持续优化，招商引资工作成效明显，2019 年新落地百亿元以上产业项目 25

个,这些项目的开工建设将促进投资较快增长。同时,广州正加快传统制造业转型升级,支持企业增资扩产,工业技术改造投资有望保持稳定。预计未来广州新动能和转型升级投资将持续活跃,农业现代化、制造业转型升级补链强链、生产性服务业、高技术产业、高品质生活性服务业等方面的投资有望保持较快发展。

(3) 城市更新是新增长点

随着广州外延式发展达到极限,城市发展重心转向提升城市内涵,城市更新代替扩张新建成为主要发展建设模式。作为破解土地要素的重要手段,未来广州城市更新工作将加快推进。根据2020年9月出台的《广州市深化城市更新工作推进高质量发展的工作方案》,2025年底前广州将推进重点地区的"三旧"改造、"三园"转型、"三乱"整治,基本完成422个旧街区改造项目,推进183个城中村、306个旧厂房、541个村级工业园、182个专业批发市场、11个物流园改造项目;2030年底前将推进约400个城中村、约400个旧厂房、约300个专业批发市场、37个物流园改造项目,力争完成总面积不少于26平方公里的村级工业园改造。因此,未来广州城市更新潜力巨大,将成为投资的新增长点。

(4) 房地产开发投资将平稳增长

作为国家重要中心城市,广州对外来人口具有较大吸引力,近年来常住人口呈加速增长趋势,2015、2016、2017、2018、2019年分别新增42.06万、54.24万、45.49万、40.60万、40.15万人,新增人口数量大幅高于2011—2014年水平(年均新增9.27万人)。随着广州经济社会高质量发展的不断推进,未来人口数量将保持稳定增长,同时受全面二孩政策实施、人们对居住品质要求提升等因素影响,广州住房需求预计在未来一段时间内将保持稳定增长,从而带动房地产开发投资的稳定增长。

3. 外需对经济增长的贡献潜力较大

广州作为我国"海上丝绸之路"的桥头堡、粤港澳大湾区核心城市，未来将充分利用金融、贸易、航运等品牌效应和优势资源，以及建设自贸试验区的制度先发优势，深入推进高水平对外开放，努力构筑"一带一路"建设支点，大力聚集人流、物流、信息流和资金流，进一步增强全球资源配置能力，外需对经济增长贡献潜力较大，预计货物和服务净流出占GDP的比重在2025年将保持8%左右的水平。新常态下，广州外向型经济发展将出现以下新的发展趋势。

（1）国家更高水平对外开放为广州外向型经济发展提供新机遇

"一带一路"高质量发展稳步推进，区域全面经济伙伴关系协定（RCEP）正式签署，中欧投资协定如期达成，我国将坚持实施更大范围、更宽领域、更深层次对外开放，新的全方位、多层次开放格局为广州外向型经济发展提供新机遇。广州是"一带一路"合作的重要战略支点，通往东盟、中东、欧洲和南太平洋各主要港口城市的航线里程比国内其他主要港口城市更短，白云国际机场的国际航线通达沿线重要城市，且拥有经济实力雄厚、面积广阔的泛珠三角经济腹地，未来与"一带一路"国家合作前景广阔。

（2）区域一体化效应释放为广州经济发展提供新动力

粤港澳大湾区建设为区域内城市发展注入建设国际大都市所需要的高端要素资源，提升区域内城市国际地位，为广州全面构建开放型经济新格局提供正外部效应。广州作为粤港澳大湾区核心城市，未来将积极推进广州都市圈建设，促进与深圳都市圈联动发展，推动城市交通网、要素网和产业网向外拓展延伸，构建产业链、创新链、价值链和供应链网络最发达的全球城市节点，吸引全球的资金、资源、人才和技术，不断增强"一核一带一区"核心引擎功能，高质量推进区域协调发展。在提升服务粤港澳大湾区能力的同时，广州将获得经济发展的新动力。

（3）外需市场复苏为广州出口形成支撑

新冠肺炎疫情对全球经济造成短期冲击，随着疫苗大规模接种的有序开展，未来疫情有望在部分地区得到控制，各国宽松货币政策实施、经济结构调整与全球新一轮技术革命相叠加，将推动世界经济从短期衰退转入长期缓慢增长期。预计未来几年美国、欧盟、东盟、新兴经济体等广州主要贸易伙伴经济将恢复增长，创造新的消费和投资需求，对广州出口形成一定支撑。同时，未来我国将全面提高对外开放水平，积极推动贸易和投资自由化便利化，大力推进贸易创新发展，外贸政策便利化将有助于广州出口加快发展。

第五章　新常态下增强广州经济增长动力的思路建议

一　积极推进创新驱动战略

（一）搭建优质创新载体

优化重大创新平台布局，大力支持广州大学城—国际创新城、中新广州知识城、广州科学城、广州科教城、广州人工智能与数字经济试验区、广州国际生物岛、南沙科学城等重点创新平台建设，积极打造由创新节点、创新平台、创新网络有机构成、相互支撑的创新体系。

加强重大科学装置建设，围绕国家战略、科技前沿和发展需求，聚焦信息、生命、海洋、新材料等重点领域，加大重大科技基础设施布局建设力度，在广州科学城、中新广州知识城、南沙科学城明珠科学园、广州大学城等重点区域，打造空间集聚、研究关联、国际一流的重大科技基础设施集群，加快建设提升国家超级计算广州中心、呼吸领域国家实验室和人类细胞谱系、冷泉生态系统、高超声速风洞、极端海洋科考等重大科技基础设施。建立健全大科学装置、大型科学仪器共建共享和信息互通机制，组建大科学装置联盟，强化大科学装置的协同效应和集群效应。

（二）提升高等院校和科研院所创新能力

建设一流高校和科研机构。深入实施高等教育"冲一流、补短板、强特色"提升计划，支持中山大学、华南理工大学、暨南大学等高校开展世界一流大学和学科建设，加快建设香港科技大学（广州）、广州交通大学、广州科技教育城，在新一代信息技术、生命健康、海洋科学等优势领域建设一批高水平实验室，推动高校和科研机构科技成果使用权、处置权、收益权改革。

汇聚一流科研机构和研究团队。争取更多国家和省级研究院所、重点实验室或技术中心等重大创新载体在广州布局，大力引进全球顶尖的高校和实验室、研究所、跨国公司来穗独资或联合设立全球领先的科学实验室和研发中心。依托重点创新平台成建制、成体系、机构化引进国家级大院大所和顶尖高校在广州建设高水平创新研究院。依托产业集群创办混合所有制产业技术研究院。

（三）强化科技与产业相互支撑

围绕新兴产业的关键环节和核心技术，着力加强基础研究和应用基础研究合作。加快"产学研"合作创新平台建设，鼓励广州市高校院所直接为企业提供科技服务，促进高校、企业、科研院所等多主体协同创新。支持广州高等学校、科研机构与大湾区企业开展合作，打造一批机制活、效率高、能力强的新型研发机构。

举办科技成果与产业对接会，研究建立主要由市场决定技术创新项目和经费分配、评价成果的机制。提高成果转化率，加快建设中国科协（广州）技术交易中心、华南技术转移中心等科技成果转化平台。

培育发展科技创新型企业，支持一批科技创新中小微企业、小巨人企业和创新标杆企业做大做强。鼓励广州企业与国内外大学和研究机构建立联合实验室或开展联合技术攻关。强化企业创新主体地位，推进更多的企业建立工程研究中心、企业重点实验室、院士工作站、博士后工作站等各类企业研发机构。落实好企业研发费加计扣除、高新技术企业税收优惠等政策，提高对企业技术创新投入的回报。完善对科技小巨人企业、创新型企业、"专精特新"中小企业的扶持措施，围绕战略性新兴产业的关键环节和核心技术，构建产学研技术创新联盟、技术创新中心等产业关键共性技术创新平台，促进产业链上下游协同发展。

（四）加快完善金融支持创新体系

推动建设完善具备多层次、多元化服务功能、符合科创企业发展特点的科创金融服务体系和管理体系，促进科技风险投资公司、科技保险公司、科技金融服务公司、科技担保公司等科创金融专营机构做强，发展新兴金融业态，鼓励并推动银行、证券、保险等传统金融机构创新探索，开发出适合高新技术产业、科技创新特点的金融产品和金融工具，完善覆盖科创企业不同生命周期的多元化融资体系。试点建立专门服务于在初创期和成长期的硬科技创新型中小企业融资需求的科技信贷银行。

注重培育和引进既熟悉科技创新又懂金融管理和服务的人才，优化科创金融专业化服务。鼓励科技创新企业挂牌、上市，提升金交会品牌效益，发挥好创交会永久落户广州的带动作用，加快引入一批优秀风投创投机构，建设具有全国影响力的风投创投中心。

（五）完善孵化育成和应用推广体系

充分运用城市更新、新型产业用地（M0）等政策，依托广州国际企业孵化器、广州火炬高新技术创业服务中心、羊城同创汇、增城国家级侨梦苑、广州南沙科技创新中心等低成本、高品质的空间载体，培育若干具有较大影响力的龙头标杆专业孵化器，提升孵化器和众创空间的服务能力和专业化水平，推动形成"众创空间—孵化器—加速器—专业园区"完整孵化链条，建设科技成果中试与产业化载体，发展各类科技成果转化机构，完善科技企业孵化育成体系。

通过示范引领加快新技术推广应用。在重点领域开展"5G＋"应用场景试点，建设一批5G产业示范园，加快建设琶洲国家新型工业化产业示范基地，建设一批行业级、企业级工业互联网平台。完善农技推广服务体系，探索公益性推广与经营性服务融合发展的新机制。

（六）深化科技交流合作

充分发挥广州高校、科研院所集聚的优势，鼓励广州市高校和实验室与国家、省实验室深化交流合作，共同申请承担国家、省科技计划，瞄准世界科技发展前沿和产业技术变革方向，聚焦量子科学、基因技术、干细胞与再生医学、纳米科技、脑科学与类脑科学、未来网络、航空航天等关键领域，加强核心技术研发创新，力争形成一批并跑、领跑的原始创新成果。支持国内外学术组织、行业协会、龙头企业在广州举办国际学术会议、行业技术展览、科技研讨会、开发者年会等。

二 努力确保投资稳定增长

（一）着力构筑高效完善的国际综合交通枢纽

高水平提升国际航空枢纽。加快推进白云国际机场第三航站楼、第四第五跑道、综合交通中心建设，积极推进城际轨道交通、高快速路等引入白云国际机场，加快穗莞深城际（新塘至广州北站）、广佛环城际（广州南站至白云机场）、地铁18号和 22 号线等轨道交通以及花莞高速西延线等高速公路、镜湖大道等城市道路建设，着力构建高效便捷的空港立体交通服务体系。进一步完善机场内外物流枢纽，加快推进机场北部物流园区、保税区南区物流园区规划建设。

高水平提升国际航运枢纽。加快实施广州港深水航道拓宽工程、珠江口公共锚地设施建设，有序推进南沙港区四期、南沙港区国际通用码头、南沙港区近洋码头等重点工程建设，推进新沙港区二期工程，做优做强黄埔港。实施内河港区更新改造，积极推进老旧港区散货码头搬迁和转型升级。优化港口功能布局，推动广州港与珠江口内及珠江西岸港口协同合作发展。加快江海联运码头以及内陆"无水港"等设施建设，提高港区集散能力和多式联运能力。

高水平提升世界级铁路枢纽。加快推进广河高铁、广湛高铁、广汕高铁、深茂铁路等高快速铁路建设，进一步完善衔接东盟及北部湾经济区、长三角地区、京津冀地区战略大通道。加快推进佛莞城际（广州段）、新白广城际、广佛环城、穗莞深城际琶洲支线等城际轨道交通建设，建设轨道上的珠三角都市圈。持续完善市内地铁线网，加快推进地铁 10 号、11 号、12 号、13 号二期、14 号二期、18 号、22 号线等线路建设。优化提升铁路枢纽能级和布局，加快形成以广州站、广州南站、广州东站、佛山西站、广州白云站（棠溪站）为主要客站，广州北站、鱼珠站、新塘站、南沙站为辅助客站的"五主四辅"铁路客运枢纽格局。加快推进广州铁路集装箱中心站（大田）工程等铁路物流枢纽建设，进一步完善集疏运道路系统，实现高效货物移动。

进一步完善城市道路网。加快推进增城至东莞高速等连接周边城市的高速公路建设，着力打造覆盖珠三角、辐射华南地区的道路网络。进一步完善"环形+放射线"主骨架道路网，加快推进城市快捷路二期、科韵路—广园快速路节点改造工程、南大干线等项目的建设。密切中心城区与南沙、增城、花都、从化等外围区的快速直连，加快推进南沙自贸区与中心城区"三高三快"通道建设，加快推进永九快速路北延线、车陂路北延线、火炉山隧道等项目建设。积极改造中心城区主要交通拥堵节点，努力提升路网整体运行效率，加快推进如意坊放射线系统工程、康王路下穿流花湖隧道、临江大道东延线等项目建设。

（二）大力推进重点产业项目和园区建设

大力推进重点产业项目建设。聚焦新一代信息技术、生物医药与健康、智能与新能源汽车等战略性新兴支柱产业以及智能装备与机器人、新材料与精细化工、新能源和节能环保等战略性新兴优势产业，加快引入并推进一批充满竞争力的产业项目建设，着力打造超高清视频和智能家电产业集群、生物医药产业集群、智能网联汽车产业集群、智能装备产业集群等先进制造业产业集群，努力扩大产业投资。加大工业技术改造投资力度，加快推动传统制造业向高端、智能、服务、绿色方向优化升级。

加快推进重点产业平台建设。做优做高沿江产业带，着力提升广州人工智能与数字经济试验区，优化升级天河中央商务区、天河高新区、中大国际创新谷、白鹅潭商务区等产业平台，打造数字经济、总部经济和现代服务业集群。做强做大东南部产业带，充分发挥广州经济技术开发区、南沙经济技术开发区、增城经济技术开发区等重点平台的带动作用，做好招商选资和项目建设工作，努力形成高质量的先进制造业和战略性新兴产业集群。做实做特西部产业带，建设广州南站商务区、广州北站商务区、花都经济技术开发区、白云湖数字科技城、广州民营科技园、白云新城总部集聚区、海龙科创区等重点平台，建设制造业、服务业融合发展的特色产业集群。

（三）切实加强新型基础设施建设

大力推进信息基础设施建设。以高速光网、5G网络、移动物联网建设为重点，加快新一代信息基础设施建设，着力构建高速、移动、安全、泛在的新一代信息基础设施网络。深入推进光网建设，完善骨干光纤网络布局，推进广州互联网交换中心等交换平台协同发展，推进F5G（第五代固定网络）建设。推动骨干网、城域网、局域网扩容提速。提高固定宽带网络接入能力，加快实施光纤到户改造工程，加快老旧线路的改造升级，稳步推进"三线"整治和"光进铜退"光纤改造工作。加快学校、体育场馆、医院、桥底空间、绿地等公共场所向5G设施开放，加速实现交通枢纽、产业园区和市区政治文化商业核心等重点热点区域的5G信号覆盖。

着力强化科技创新基础设施建设。围绕国家战略、世界科技前沿和广州发展需求，聚焦信息、生命、海洋、新材料等重点领域，加大重大科技基础设施布局建设力度，在广州科学城、中新广州知识城、南沙科学城明珠科学园等重点区域，打造空间集聚、研究关联、国际一流的重大科技基础设施集群。加快建设提升国家超级计算广州中心、呼吸领域国家实验室和人类细胞谱系、冷泉生态系统、高超声速风洞、极端海洋科考等重大科技基础设施。争取国家和省级研究院所、重点实验室或技术中心等重大创新载体在广州布局，在新一代信息技术、生命健康、海洋科学等优势领域建设一批高水平实验室。深入实施高等教育"冲一流、补短板、强特色"提升计划，支持中山大学、华南理工大学、暨南大学等高校开展世界一流大学和学科建设，加快建设香港科技大学（广州）、广州交通大学、广州科技教育城。

（四）不断完善城市基础设施建设

进一步加强文教体卫设施建设。推进广东美术馆、文学馆、非物质文化遗产展示中心"三馆合一"项目等文化设施建设，打造岭南古城文化、海上丝路关键节点等一批城市文化精品。实施"优质公办中小学增量工程"，进一步扩大公办优质教育资源，在黄埔、南沙、花都、增城、从化筹（扩）建优质公办学校，加快推进高水平大学及一流高职院校项目建设。引导医疗资源向薄弱地区合理分布，加大黄埔、花都、南沙、白云、从化、增城等区三甲医院建设力度。完善文化体育基础设施网络，以群众性体育设施建设为重点，合理布局各级公共体育设施，大力推进"城市10分钟健身圈"和"农村10里健身圈"建设。

着力构筑能源保障体系。加强输电主干网架建设，适度超前做好全市500千伏、220千伏输电主干网架建设工作，满足大规模电力交换、电力供应和系统安全稳定运行的要求。加快完善配电网和农村电网，重点推进城市外围新区及产业集聚区配套电网建设、老城区电网改造和新一轮农村电网改造升级，保障城市化快速发展和新农村建设的电力供应。做好电力输送网络建设，加强"西电东送"主通道建设，提高电力输送能力。优化市内加油站布局、成品油管网和油品储备体系，建设西气东输三线闽粤支干线广州增城段等天然气管道，加强西气东输二线广深港支干线、珠三角成品油管网等区域油气管道保护工作。

不断完善供水保障体系。加快推进北江引水工程及牛路水库、沙径水库重点水源工程建设，推动珠三角水资源配置工程及配套工程建设。进一步完善中心城区与从化、增城、番禺等区供水联网，逐步建立起全市分片联网、互为备用的一体化供水格局。强化不同供水分区间管网的互联互通、互为备用与应急调度能力，提高城乡供水系统应急调度及安全保障能力。

加快推进垃圾资源化处理设施建设。加快建成广州市第四、第五、第六、第七资源热力电厂以及广州东部资源再生中心（萝岗循环经济产业园）生物质综合处理厂（二期），番禺、南沙、花都、增城、从化餐厨垃圾处理厂等一批大型生活垃圾处理设施，提升生活垃圾全过程资源化利用水平。

着力打造城市地下管网系统。结合城市地下空间开发利用、道路交通、人防建设、地铁建设、各类地下管线专项建设规划，将电力电缆、通信缆线、给水管线、集中供冷供热管、真空垃圾管道、中水管道等六大类管线纳入地下综合管廊管理，合理确定管廊的建设布局、管线种类、断面形式、平面位置、竖向控制。

三　扎实推进城市更新改造

（一）稳妥推进城中村和村级工业园改造

继续完善旧村庄等"三旧"改造政策体系，积极推进成片规划、连片策划、有序实施，着力补齐公共服务设施短板，加快激活和释放城市发展空间，在改造的同时积极引入科技创新、总部经济、战略性新兴产业等发展载体，促进改造区域高质量发展。以中心城区、重点功能区为重点，加快推进村级工业园整治提升，完善村级工业园转型政策，调动区、街（镇）及村集体参与改造积极性。加快推动白云国际机场等重要交通枢纽、重大功能平台、重点商圈及周边区域"三旧"改造等城市更新工作，有序实施《广州市深化城市更新工作推进高质量发展的工作方案》185个城中村改造，持续推进541个村级工业园整治提升，为推动广州高质量发展拓展新空间、搭建新载体。

（二）稳步实施老旧小区改造

坚持以人民为中心的发展思想，把推动老旧小区更新作为一项重要民生实事加以持续有序推进，将其作为改善人居环境、推进产业转型升级、补齐配套短板、重塑街区活力、传承岭南历史文化的重要手段，着力补齐路、水、电、气、消防、排污、环卫、通信等公共服务设施短板。积极推进恩宁路、城市传统中轴线等人居环境改造工程，有序实施《广州市深化城市更新工作推进高质量发展的工作方案》395个老旧小区微改造项目、27个旧街区改造项目，做好旧楼楼宇加装电梯，持续改善人居环境，让老旧小区居民群众有更多的获得感、幸福感、安全感。

（三）进一步完善城市更新工作机制和政策体系

加强发改、住建、规自、财政等部门之间的对接力度，进一步落实城市更新工作中各部门的职能分工，健全完善各部门之间的衔接沟通机制。充分发挥区政府作为城市更新第一责任主体的作用，积极调动区政府、街镇、社区等基层力量的主动性和能动性，充分发挥区统筹机构在牵头实施、项目推进、决策参谋、督察考核方面的作用，切实推动项目实施。进一步做好市区职责分工工作，健全完善事权下放后的监督检查机制。加强城市更新工作的顶层设计和制度创新，建立健全各相关主体利益共享机制，充分调动各方参与改造的积极性。强化规划引领和全周期管理，把城市更新纳入国土空间规划"一张图"管理，建立"刚弹结合"规划管控体系，运用信息化手段实现规划、实施、监管的全流程管控和评估。创新城市更新资金投入模式，探索推动实施模式向连片规划转变、经济平衡向区域统筹转变。

（四）积极拓宽资金筹措渠道

充分发挥广州城市更新基金的龙头作用，利用基金运作撬动更多的社会资本参与城市更新。积极利用资本市场筹措改造资金，通过委托经营、参股等市场运作方式，以及提供适当补贴、授予特许投资经营权等引入外部投资，引导社会资本参与城市更新项目投资。发展城市更新投资信托制，探索成立市级层面的城市更新信托投资公司和基于城市更新项目的信托投资公司，通过发行市政债券筹集市场资金用于城市更新活动。

四 加快构建人才高地

(一) 建设高端人才集聚地

打造海内外人才发展平台。依托重点项目和平台培养，吸引更多战略科技人才、科技领军人才、高层次人才和高水平创新团队。利用好中国海外人才交流大会的吸引海外人才作用，积极对接引导海外高端人才、项目、资本进入。加快建设南沙粤港澳人才合作示范区、中新广州知识城国际人才自由港等海外人才高端创新平台。

为海内外人才提供优质服务。做好外籍人才引进、认定、使用、培养、评价、保障等全周期服务，切实解决海外人才在原始创新、技术研发、成果转化等方面的问题。实施更加开放便捷的境外人才引进和出入境管理制度，深化外籍人才永久居留积分试点，探索开展技术移民试点。加强国际人才社区建设，支持南沙新区创建国际化人才特区，健全薪酬福利、子女教育、社会保障、税收优惠等制度，为海外人才在穗工作提供具有国际竞争力和吸引力的环境。

实施更加开放的人才政策，构建有竞争优势的重点产业急需紧缺人才吸引政策。

(二) 不断增强人力资源服务能力

推动以广州为龙头的珠三角地区人力资源服务业的同城化、一体化发展。针对未来广州经济结构转型和产业升级的需要，着重在招聘、人力资源服务外包、人力资源和社会保障事务代理、人力资源管理咨询、高级人才寻访、人才测评等业态给予支持，推动人力资源服务企业提高专业化水平和自主创新能力。

(三) 优化人力资源结构

优化调整户籍制度和积分制入户政策，通过差别化弹性政策优化人口结构、提升人口素质。实质性放宽年轻技能型人才的落户政策，吸引和留住各类技能人才。通过个性化优质服务吸引和留住优秀人才。有针对性地加强教育、医疗服务供给，增加基础教育学位，向重点企业、重点人群倾斜，为吸引和留住相关人才提供更好更贴心的子女教育等相关服务。

(四) 提升人力资源水平

进一步加强人力资源知识更新和能力提升，有效开发人才潜能，提高人才的岗位能力和服务素质。推行现代学徒制和企业新型学徒制，通过比武竞赛、教育培训、研讨交流等多种方式让创新型、应用型、技能型人才不断得到知识更新和技能提升，培养和发现更多高技能人才。加大基础学科拔尖学生培养力度。保护和激发企业家、创业家精神。提升人才服务质量，为高端人才解决教育、医疗、住房等后顾之忧。

五 优先发展现代服务业

(一) 推动生产性服务业向专业化和价值链高端延伸

推进生产性服务业专业化高端化发展。加快发展金融、物流、信息服务、电子商务、科技服务、会展服务、商务服务等生产性服务业。精心打造沿珠江生产性服务业发展带，加快建设天河中央商务区、广州国际金融城、民间金融街、琶洲国际会展商务区、荔湾花地河电子商务集聚区、黄埔临港经济区等珠江沿岸集聚区，培育壮大南沙新区、空港经济区、广州开发区等生产性服务业增长极，建成若干千亿级生产性服务业集聚区。鼓励有条件的工业企业剥离内部服务功能，组建生产性服务业法人实体，培育多家百亿级生产性服务业龙头企业，形成资源集合、产业集聚、功能集成的生产性服务业发展新格局。提高中国进出口商品交易会（简称广交会）的辐射面和影响力，探索"新业态+会展"，建设国际会展之都。推动现代物流与制造业高效融合，培育国际供应链龙头企业。推动研发设计、技术转移、创业孵化、知识产权、科技咨询等科技服务机构集聚发展，构建覆盖创新全链条的科技服务体系。提升会计、法律、人力资源、广告营销、检验检测认证等高端专业服务，提高专业服务中心城市辐射力。

加快建设现代金融服务体系。推动共建粤港澳大湾区国际金融枢纽，加快形成具有重要影响力的风险管理中心、财富管理中心和金融资源配置中心。大力支持广州期货交易所建设，推动设立广州基础设施领域不动产投资信托基金（REITs）区域交易中心，争取广州钻石交易中心、广东省珠宝玉石交易中心升级为国家级交易平台。深化国家绿色金融改革创新试验区建设，探索建立粤港澳大湾区绿色金融标准体系，发挥广州碳排放权交易所平台功能，稳步推进碳排放权抵质押贷款等碳金融业务创新。强化金融对中小微企业、科技企业和"三农"的支持，完善金融与产业融合发展政策措施，提升金融服务支持主导产业、重点园区、重大项目能力。做强做优广州民间金融街、白鹅潭产业金融服务创新区、万博基金小镇、中小微企业金融服务区等特色金融功能区。加快金融保险领域改革创新，进一步优化金融发展生态，积极发展金融租赁、消费金融、"互联网+金融"、"众筹"等新型金融服务业态。

（二）推动生活性服务业向高品质转变

推动生活性服务业向高品质和多样化升级。加快发展商贸、餐饮、健康、养老、托育、文化、旅游、体育、家政、物业等服务业，重点将文化产业、体育产业、旅游业打造成为支柱产业。扩大市场化服务供给，积极稳妥推进教育、文化、卫生、体育等事业单位分类改革，加快文化、体育、旅游、健康、养老等领域的关键标准制定，组织实施一批重大工程。加强公益性、基础性服务业供给，扩大覆盖全生命的各类服务供给。鼓励商贸、旅游、餐饮等行业开展业态与模式创新，推进数字化智能化改造和跨界融合，线上线下全渠道满足消费需求。加快家政服务业标准化、专业化、智能化发展，培育一批家政服务领跑企业、领跑社区和领跑学校。健全生活性服务业认证认可制度，推动生活性服务业诚信化职业化发展。推进构建15分钟社区生活服务圈，提升居民服务便利化水平。

（三）加快建设区域总部经济中心

提升总部经济发展能级。加大总部经济招商引资力度，吸引更多跨国公司、大型央企和民营企业、国内外行业领军企业在广州设立总部、区域总部和研发中心、采购中心、运营中心、销售中心、结算中心、共享服务中心等。培育壮大本土总部企业，筛选一批具有发展优势和潜力的重点企业，强化资金、项目、土地、人才等普惠政策支持和专属服务，支持企业整合资源做大做强。推动本土总部企业开展跨区域投资和经营，在吸引市外企业设立区域总部的基础上，着力推动在穗设立事业部全国总部、亚太总部、全球总部。加快培育引进互联网新经济、科技创新等领域总部企业，深化与互联网龙头企业在智慧城市等领域战略合作，推动互联网创新型总部企业集聚发展。加强百亿级、十亿级高端商务楼宇建设，提升楼宇总部经济发展水平。

（四）积极发展服务业新业态新模式

推动新技术新模式在服务业广泛应用。创新适应服务新业态新模式和产业融合发展需要的土地、财税、金融、价格等政策，促进平台经济、共享经济、体验经济等健康发展。加大研发投入，支持企业探索与新技术发展和应用相适应的产品开发、生产销售、供应链管理、资本运作等新型商业模式，发展企业间电子商务、电子零售、专业服务、增值服务、服务外包等新业态。鼓励区块链研究机构和企业开展支付清算、智能合约、金融审计等领域应用开发研究。大力推进"互联网+旅游"，加快旅游服务云平台建设，推动游客活动信息、旅游服务数据互联互通。加快发展冷链物流，引导冷链物流产业集聚发展，推进跨境贸易"前店后仓"合作经营模式，优化通关模式，实现空陆联运，推动"港澳仓"等物流创新在广州落地。

推动电子商务跨越式发展。巩固提升广州信息消费优势，培育壮大一批在全国有影响力的电子商务平台，支持以直播电商、社交电商、生鲜电商为代表的网络新消费发展，构建一批直播电商产业集聚区，将广州打造成为直播电商之都。打造头部主播集聚地，重点推动直播电商与美妆、箱包等时尚产业深度融合发展。推动直播电商赋能专业批发市场转型，发展"线上引流+实体消费"新模式。推动电子商务与金融服务、跨境贸易、智能终端应用软件等新业态深度融合。培育智慧商店、智慧餐厅等新零售业态，创新发展线上经济和无接触交易服务。扩大电子商务进农村覆盖面，支持汽车、电子数码等产品下乡，推动农村消费梯次升级。大力发展以各类专业服务为交易对象的电子商务，促进创意设计、企业管理、金融理财、咨询顾问等服务在线交易。

促进产业数字化转型升级。充分利用新一代数字技术，全方位、全角度、全链条赋能制造业、服务业、农业。实施"智造计划""定制计划""上云计划""赋能计划"，支持传统龙头企业、互联网企业建设产业互联网平台，培育数字化转型标杆企业。培优扶强一批第三方电子商务服务平台、智能制造服务平台、云服务平台。聚焦工业互联网、在线教育、远程医疗等"互联网+"

领域，培育一批在全国乃至全球范围内有影响力的跨区域经营平台型企业。深入推进服务业数字化转型，支持数字金融、数字会展、数字文化、数字旅游等加快发展。加快有影响力的数字化设计，推进广州市城市信息模型（CIM）平台建设，鼓励企业利用BIM（建筑信息模型）等技术发展特色化建筑设计。

六 做大做强先进制造业

（一）大力培育新一代支柱产业

打造新兴支柱产业。出台实施支持新一代信息技术、人工智能、新能源产业、生物医药等产业加快发展的系列政策措施。将新一代信息技术、智能与新能源汽车、生物医药与健康产业打造成为新兴支柱产业，促进新一代信息技术产业赋能智能与新能源汽车、生物医药与健康产业。构建集成电路"设计—制造—封装—测试"全产业链集群和超高清视频及新型显示"设备制造—内容创作—应用服务"全产业链集群。构建"研发设计—关键零部件生产—整车制造—测试评价—共享出行"智能与新能源汽车全产业链集群，争创国家级车联网先导区，打造全国领先的智能汽车平台和生态圈。发展壮大生物药、现代中药、化学创新药、高端医疗器械、高端康养产业。

加快发展新兴优势产业。推动智能装备与机器人、轨道交通、新能源与节能环保、新材料与精细化工、数字创意等新兴优势产业加快发展。着力构建"关键基础零部件—整机及成套装备—系统集成应用—公共支撑服务"智能装备与机器人产业链集群，建设全国智能装备关键设备研发创新中心。着力构建"规划设计—装备制造—建设施工—运营与增值服务"轨道交通产业链集群，建设轨道交通国家技术创新中心。着力构建氢能源全产业链集群，发展节能环保装备产业，协同推进太阳能、核能、智能电网及装备产业发展。以规模化、绿色化、高端化为主攻方向，推动先进基础材料产业转型升级和前沿新材料研发应用，打造国内一流"新材高地"。着力推进5G、人工智能、虚拟现实（VR）/增强现实（AR）等新技术深度应用，构建游戏、电竞、动漫、网络、影音产业生态圈，培育一批具有全球竞争力的数字创意头部企业。

前瞻布局未来产业。实施未来产业孵化与加速行动，大力发展量子科技、区块链、太赫兹、天然气水合物、纳米科技等前沿产业。开展量子科技领域关键核心工程装备和量子精密测量等关键核心技术研发，加强区块链技术在智能制造、电子商务、物联网、能源电力等领域推广应用，依托华南理工大学、中国科学院空天信息研究院粤港澳大湾区研究院等高校院所强化太赫兹通信领域基础研究和关键技术攻关，支持建设天然气水合物勘查开发国家工程研究中心、广州深海科技创新中心，依托广东粤港澳大湾区纳米科技创新研究院加快建设纳米智能技术园、纳米生命与健康技术科技园。

（二）优化提升传统支柱产业

促进优势特色产业赋能升级。推动汽车、电子、石化等传统优势产业智能化、高端化、绿色化发展，向智能与新能源汽车、新一代信息技术、新材料与精细化工等战略性新兴产业、高技术制造业迭代升级。推进自主品牌轿车的研发、生产和品牌建设，加快推进节能与新能源汽车整车和动力电池等关键零部件及配套充电装备的研发与产业化。抓好平板显示、集成电路、移动通信设备生产项目建设，培育壮大软件服务，推动黄埔新型平板显示产业基地、花都高新科技光电子产业基地、广州集成电路设计基地等园区建设。优化石化产业链，做精炼油产业，做强精细化工制造业。促进纺织服装、美妆日化、箱包皮具、珠宝首饰、食品饮料、智能家居、灯光音响等传统特色产业数字化、定制化、时尚化转型。建设全球"定制之都"消费体验中心、工业互联网产业集群展示体验中心等，立足优势发展定制服装、定制皮具、定制家居、定制化妆品等，打造世界先进、国内领先的规模化个性定制产业集聚地。

（三）推进制造业与信息化、智能化深度融合

推进制造过程智能化。在重点领域试点建设智能工厂/数字化车间，着力推进重点领域工业大数据平台、工业操作系统及其应用软件等应用示范工作。提升产品智能化水平，在汽车、电子、装备等领域实施以信息技术深度嵌入为代表的智能装备（产品）试点示范项目，重点提升产品智能化水平与竞争力。实施"互联网＋制造"示范试点，支持有条件的制造企业面向产业链关联配套企业建设智能互联工厂，搭建制造需求与制造资源高度优化匹配的协同开发及云制造平台。

（四）提升产业链供应链现代化水平

形成更安全可靠的产业链供应链。积极参与国家产业基础再造工程，强化资源、技术、装备支撑，推动产业链供应链多元化。建立重点行业"链长制"，协调跟进产业建链、延链、补链、强链过程中的重大事项，完善稳链、补链、强链、建链联动协调机制。培育壮大具有核心竞争力的"链主"企业，带动产业链上下游企业配套协同发展。支持龙头企业拓展全球布局，增强全球供应链协同能力。支持中小企业在细分领域做专做精，培育一批具有产业链节点控制力，技术创新和融资能力强，发展速度、效益和质量好，走专业化、精细化、特色化、新颖化发展道路的"专精特新"企业。整合骨干企业、科研院所、高校和第三方服务机构资源，构建线上线下相结合的大中小企业创新协同、产能共享、产业链供应链互通的新型产业生态。支持平台型企业、龙头骨干企业等开展工业设计、系统集成、全生命周期管理、供应链管理等专业化服务。

（五）强化先进制造业要素保障

强化要素保障和高效服务。推动工业用地提容增效，推广新型产业用地模式，确保先进制造业、战略性新兴产业发展的产业用地，加强工业产业区块管理，维护发展空间底线。开展新一轮工业技术改造，在绿色石化、新材料、高端装备等领域建设一批智慧园区、智能工厂。充分发挥新兴产业发展资金、先进制造业创新发展资金、科技创新发展资金等财政资金作用，加大重点产业发展支持力度。巩固拓展减税降费成果，降低企业生产经营成本，全面清理规范涉企收费。

七　不断促进消费转型升级

（一）积极推动消费优化升级

大力发展文化消费、知识消费、健康消费和绿色消费。着力提升文化消费，不断丰富广州文化消费层级，推动文化消费价值链形成，将文化资源优势转化为文化产业优势，着力提升主题文化节日层次，积极拓展体验式文化消费市场。聚焦发展知识消费，以教育消费、信息消费和旅游消费为主导，完善相关服务体系，全面提升服务水平。大力发展健康消费，着力打造大健康产业链，以制药业、医疗服务、医疗设备、生物技术的全面发展为支撑，深度开发健康产业市场。倡导鼓励绿色消费，积极宣传绿色消费理念和低碳发展理念，大力发展绿色食品、绿色居住、低碳出行。

积极拓展消费新领域。随着二孩和三孩政策的全面放开及家长对儿童成长过程的重视程度升级，儿童消费市场活力已全面激发，未来要从教育、培训、餐饮、娱乐、服饰、用品、亲子体验、旅游等多方面充分挖掘儿童消费潜力，大力发展宝贝经济。聚焦老龄群体，根据老年人在物质与精神上的需求，积极拓展多样化、多层次的老年消费市场，大力发展养老服务业、老年卫生保健业、老年文化娱乐业、老年金融保险业、老年教育业、老年旅游业、老年餐饮食品业，培育养老新业态，着力构建居家社区机构相协调、医养康养相结合的养老服务体系。

进一步推动零售企业新模式新业态发展。积极引导传统商贸企业加快线上线下融合，创新发展线上经济和无接触交易服务，努力实现电子商务与现代零售业有机结合、实体店与虚拟店业态组合发展。大力发展直播电商新模式，积极引导住宿、餐饮、旅游、教育等企业开展直播电商业务，积极推进农村直播电商发展。

（二）创新并扩大新型消费品有效供给

努力增加智能消费品和绿色食品供给。加大电子信息、电动汽车及可穿戴设备、智能家居、数字媒体等各种智能消费品的制造，根据市场需求积极研制新型智能消费品，努力扩大智能消费品有效供给。积极发展以农产品深加工为主的绿色消费品工业，增加绿色食品有效供给，更好满足绿色消费需要。

加快推进教育、养老、医疗等服务的市场化改革。汇聚多方优质教育教学资源，探索利用多种合作方式、模式、机制等开展高水平的中外合作办学。深化职业教育体制机制创新，推动高水平职业教育发展。推进公办养老机构社会化运作，推进闲置社会资源发展养老服务，切实减轻养老机构运营成本负担。推动个性化多层次健康服务业发展，支持社会资本开办各类医疗机构，鼓励大医院与社会医疗服务机构合作，运用"互联网+"创新医疗健康服务方式，做大中高端医疗健康服务产业。

大力促进商旅文融合发展。进一步深化国家旅游综合改革试点，积极依托大型景观、珠江水岸、旅游功能区，打造购物、旅游、观光、文化、休闲、娱乐一体化消费的大型商旅文融合发展功能区。围绕"千年商都""岭南文化""都市文化"等特色资源，整合骑楼、老字号一条街、千年古道、惠福美食花街等各类旅游消费资源，策划打造一批凸显广州特色的标志性文旅项目。发挥南沙邮轮母港带动作用，建设国家邮轮旅游试验区。

（三）不断完善促进消费的基础设施建设

弥补促进新消费的基础设施短板。加强适应新消费需求的新基础设施供给，加大城市停车设施布局和建设力度，加快新能源汽车充电基础设施规划建设，形成布局合理、科学高效的充电基础设施体系。鼓励自驾车房车营地、邮轮港口、游艇码头等旅游基础设施建设，建设完善互联互通的邮轮游艇游船休闲旅游线路网络，培育邮轮游艇游船大众消费市场。推进低空空域管理试点改革，加快通用航空基础设施布点，鼓励引导社会资金兴建通用机场，激发通用航空消费潜力。

加强消费相关信息基础设施建设。加快构建高速、移动、安全、泛在的新一代信息基础设施网络，系统谋划推进5G网络建设，满足日益增长的信息消费需求。加强个人信息保护，持续完善防火墙、入侵检测系统、防病毒系统、认证系统等信息安全系统，保障重要数据安全。

健全物流基础设施网络。加快建设一批具备城市加工配送物流功能的物流基地。推动实施"互联网+高效物流"工程，鼓励布局建设城市配送中心，推广共同配送，有效解决城市配送"最后一公里"问题。探索放宽城市配送、冷链配送车辆城市通行管制。

（四）进一步发展消费金融

加大消费金融信贷产品创新。根据不同群体消费者不同层次的金融服务需求，创新金融产品服务供给，如针对中低收入群体推出系列个人消费贷款服务，包括用于购买健康产品、智能产品、安全产品及家用电器、电子产品、家具等各类耐用消费品的"轻松付";用于支付个人及家庭旅游、婚庆、教育、装修等各类服务消费的"轻松贷";用于短期内解决居民临时应急需要的融资包等。

促进互联网消费金融健康发展。在小额、便捷、体验等方面,互联网消费金融产品会带给消费者更加有效的服务。未来要加大在农村、教育、旅游、房产后市场(租房、装修等)、汽车后市场等消费场景领域的互联网消费金融产品创新,通过金融科技等手段有效连接消费场景,满足传统金融机构难以覆盖的消费金融需求。

做好消费金融风险防范工作。加快推进具有中国特色的个人征信体系建设,强化金融科技手段应用,有效整合各类金融机构消费类等各类贷款、网络贷款、小额贷款等信息,统一纳入征信体系进行管理,健全完善征信数据共享机制以及有效可行的失信惩戒机制。

八 主动融入区域一体化发展

(一)强化粤港澳大湾区区域发展核心引擎功能

强化广州—深圳"双核联动、双轮驱动"作用,全面加强产业合作,协同布局一批重大科技基础设施,联合实施一批战略性新兴产业重大工程,加快推进生态环保、医疗卫生、教育文化、社会保障等领域深度合作,共同做优做强做大珠三角核心区。高水平推动广佛全域同城化,加快广佛高质量发展融合试验区建设,联手打造万亿级产业集群,建设广佛超级城市。促进珠江口东西两岸协同联动,深化与东莞、中山、江门合作,进一步加密跨珠江口通道,深化南沙新区与东莞滨海湾新区、中山翠亨新区,广州经济技术开发区与东莞水乡经济区的结对合作。加强与珠海、惠州、肇庆对接,在能源、港航、生物医药等产业开展务实合作。加快穗港澳深度合作步伐,进一步巩固和深化与港澳在金融、经贸、科技、文化、农业等领域的交流合作,实现互利共赢。

(二) 加强北部生态发展区和沿海经济带合作

深化广清一体化,加快共建广清经济特别合作区,发挥广清交界地区优质旅游资源优势,规划建设粤港澳大湾区北部生态文化旅游合作区,带动清远融入粤港澳大湾区发展。辐射带动梅州、云浮、韶关、河源等"入珠融湾",加强在旅游、农产品、中药等绿色领域合作,推进珠三角地区与北部生态区协同发展。

加强广州湛江合作,建立健全"省会城市+省域副中心"协作机制,加强广州国际性综合交通枢纽和湛江全国性综合交通枢纽的功能对接和联动发展,深化广州港与湛江港的港航业务合作,推动两市石化、钢铁、海洋等优势产业协同发展。加强与汕头、茂名、潮州、揭阳的对接合作,助力东西两翼生物医药、石化等重大产业集群建设,构建世界级沿海产业带。

(三) 打造带动泛珠三角全面合作的龙头

积极对接广东省发展战略和珠三角发展需求,加强泛珠三角地区的互联互通和协调发展,推动泛珠三角区域内生态环境、文化教育、医疗卫生、旅游休闲等领域合作,把合作共赢理念落实到基础设施投资、产业链发展、社会民生建设等方面的具体合作项目中,促进与周边省会城市和区域中心城市协同发展。加强与西部陆海新通道的对接合作,积极参与珠江—西江经济带等跨省区域合作平台建设。增强与厦门、平潭等经济特区、自贸试验区的改革创新联动。借助跨区域重大基础设施建设市长联席会议、泛珠三角区域省会城市市长论坛等平台,通过各省市政府和有关部门协调解决项目推进中的困难和问题,加快推进跨区域铁路、城际轨道、高速公路等重大交通基础设施的规划建设。

九 继续坚持全方位高水平对外开放

(一) 积极参与"一带一路"建设

加强与沿线国家战略对接、务实合作,充分发挥中欧一带一路产业基金等产业发展基金的作用,带动对外投资和对外贸易的加快发展。推动政策、规则、标准联通,用好区域全面经济伙伴关系协定(RCEP)等自贸协定,健全多元化投融资体系,支持企业拓展国际市场、加快海外布局,优化境外投资辅导服务,携手港澳建设企业"走出去"综合服务基地。推动"单一窗口"与港澳、"一带一路"沿线口岸互联互通,支持南沙建设全球进出口商品质量溯源体系。推进中欧班列等跨国物流发展。支持黄埔区建设"一带一路"创新合作区。推进中欧区域政策合作试点,深化中以、中日生物医药产业合作,中瑞生态设计合作和中沙产能合作。积极承办"一带一路"重大主题活动,推动海丝博览会升格为国家级展会。

(二) 大力促进货物贸易高质量发展

优化出口商品结构,加快货物贸易升级,支持高附加值、自有知识产权、自有品牌产品出口。实施市场多元化战略,大力拓展"一带一路"沿线国家、东盟、中东欧等新兴市场。推动传统贸易转型升级,积极引导加工贸易企业与新型商业模式、贸易业态融合,支持企业延伸产业链条、提升品牌营销能力、打造国际自主品牌。探索打造境外广州名优商品展销中心,拓展境外营销网络。充分发挥出口信用保险作用,扩大出口信用保险覆盖面。推动贸易投资便利化,拓展国际贸易"单一窗口"功能,积极推进国际贸易"单一窗口"升级改造,健全"大通关"协调机制，落实外贸企业减负增效各项措施，着力构建便利化贸易环境。充分发挥国内超大规模市场优势，引导支持外贸产品出口转内销，推进内外贸同线同标同质。

(三) 积极推进服务贸易高质量发展

顺应全球经贸发展新趋势新格局，积极发展跨境电商、海外仓、保税物流、外贸综合服务、数字贸易等新业态新模式。扩大国家服务贸易创新发展试点，落实试点税收优惠政策，引导企业扩大高技术、高附加值的服务贸易出口，加快运输、旅游、金融、文化服务等重点领域的服务贸易发展。促进市场采购贸易发展，培育若干个内外贸结合商品市场，推进在内外贸结合商品市场实行市场采购贸易，扩大商品出口。

十 着力营造良好营商环境

(一) 完善现代市场体系

建设高标准市场体系。健全归属清晰、权责明确、保护严格、流转顺畅的现代产权制度。全面实施市场准入负面清单制度，推动"非禁即入"普遍落实，争取国家支持开展放宽市场准入试点。完善竞争政策框架，构建覆盖事前、事中、事后全环节的竞争政策实施机制。全面落实公平竞争审查制度，健全公平竞争审查抽查、考核、公示制度，完善第三方审查和评估机制，促进统一开放、竞争有序的市场体系建设。建立公平开放透明的市场规则，整合工商登记、行政审批、执法监管等信息资源，变单一执法为综合监管，注重加强事中、事后监管。引入行业协会、商会组织，建立商事合同司法纠纷速调速裁和联调联解机制。

深入推进要素市场化配置改革。创新土地置换模式，健全建设用地、补充耕地指标跨区域交易机制，完善混合用地、点状供地、弹性年期、新型产业用地等供地方式，优化土地储备市区联动机制。完善适应超大城市特点的劳动力流动制度，健全劳动力资源共享平台，探索适应新经济发展的特殊工时管理制度。加强财政资源统筹，优化中长期财政规划管理，深化预算管理制度改革，促进财政支出标准化。完善要素价格市场决定机制，推动生产要素由市场评价贡献、按贡献决定报酬，引导市场主体依法合理行使要素定价自主权。

（二）加快转变政府职能

推进政务服务创新。深入推进"放管服"改革，实行权力清单、责任清单、负面清单制度，确保各类市场主体在使用要素、享受支持政策、参与招标投标和政府采购等方面获得平等待遇。提高政府服务效率效能，对标国内外最佳实践，破解企业全生命周期办事环节、时间、成本的痛点难点堵点问题，加快科技赋能便利化改革，促进各领域业务系统集成、数据共享，推动行政审批和政务服务革命性流程再造。落实建设工程项目审批制度改革实施意见，提高投资项目审批效率。引导和鼓励企业参与制订国际标准，更加主动对接和运用国际投资贸易规则。进一步提高涉企政策的精准性和有效性，做好审批、用地、融资、人才等全方位服务。

营造公开公平公正的法治环境。实施《广州市优化营商环境条例》，完善配套政策措施。聚焦政务服务、产权保护、自然人破产等领域立法先行。深耕互联网仲裁，积极参与亚太经合组织企业间跨境商事争议在线解决机制，打造世界知名仲裁机构，建设广州国际商贸商事调解中心，提高国际民商事法律及争议解决服务水平。建立依法保护企业家合法权益机制。加快发展高端法律服务业，建设一批高水平涉外法律服务机构。

（三）充分激发市场主体活力

积极开展国资国企综合改革。探索混合所有制改革有效形式和盘活国有存量资产新路径，增强国有经济竞争力、创新力、控制力、影响力、抗风险能力，做强做优做大国有资本和国有企业。加快国有经济布局优化、结构调整和战略性重组，发挥国有经济战略支撑作用，推动国有资本更多投向基础设施、城市更新、科技创新、先进制造业和战略性新兴产业。深化国有企业混合所有制改革，加大国有企业并购重组力度，持续推进国有企业改制上市。培育市场化、专业化、年轻化的国有企业家队伍。

促进民营企业高质量发展。依法平等保护民营企业产权和企业家权益，保障民营企业依法平等使用资源要素、公开公平公正参与竞争、同等受到法律保护。进一步放宽民营企业市场准入，破除招投标等领域各种壁垒。降低民营企业生产经营成本。鼓励金融机构支持服务中小微企业，健全企业融资增信支持体系。加强民营骨干企业培育引导，催生更多单打冠军和独角兽企业。

建立健全外商投资促进体系。全面贯彻外商投资法，提高投资环境的开放度、透明度和可预期性。深化境内境外资本市场互联互通，健全合格境外投资者制度。保障外商投资企业平等参与政府采购、国有企业混合所有制改革、产业园区和基础设施建设。推动外商投资企业管理职能由重审批备案向投资促进、保护和管理转变。

（四）建设社会信用样板城市

构建诚信建设长效机制。推动社会信用立法，健全信用信息分级分类管理制度。推行信用承诺制，完善守信激励和失信惩戒制度，完善失信主体信用修复机制和异议制度，鼓励和引导失信主体主动纠正违法失信行为。加强信用工作队伍建设，弘扬诚信理念、诚信文化，提升城市信用建设水平。在行政审批、招商引资、政府采购、招投标、财政资金扶持、知识产权等领域积极应用信用产品与服务。促进征信、信用评级、信用保险和信用担保等信用服务业发展，推动信用创新实践。

　　加强信用基础设施建设。强化信用信息数据质量建设，规范公共信用信息管理使用，完善覆盖各类主体的信用档案，常态化充实信用信息数据资源。建设信用监管、个人信用等应用支撑平台，推动信用信息互通共享，推广区块链、多方安全计算等技术应用，探索建立公共信用信息向市场主体有序开放机制。加强信用信息数据资源服务和监管，严格保护个人信息。支持越秀区创建以信用为基础的新型监管机制先行示范区、广州开发区开展广东省信用建设服务实体经济发展试点、南沙区创建信用治理创新先行区。

参考文献

H·钱纳里、S·鲁宾逊、M·赛尔奎因:《工业化和经济增长的比较研究》,上海三联书店1989年版。

艾伯特·赫希曼:《经济发展战略》,经济科学出版社1991年版。

陈勇、李小平:《中国工业行业的面板数据构造及资本深化评估:1985—2003》,《数量经济技术经济研究》2006年第10期。

陈宗胜、吴志强:《中国经济发展新常态十大趋势性变化及因应策略》,《全球化》2015年第9期。

崔俊富、苗建军、陈金伟:《基于随机森林方法的中国经济增长动力研究》,《经济与管理研究》2015年第3期。

大卫·李嘉图:《政治经济学及赋税原理》,商务印书馆1976年版。

杜焱:《经济增长的需求动力结构调整研究述评》,《湖南大学学报》(社会科学版)2014年年第1期。

杜焱、柳思维:《新兴大国经济增长的需求动力机制演变——以金砖四国为例》,《湖南社会科学》2013年第6期。

菲利普·阿格因(Philippe Aghion)、彼得·豪伊特(Peter W. Howitt):《增长经济学》,杨斌译,中国人民大学出版社2011年版。

干春晖、郑若谷:《改革开放以来产业结构演进与生产率增长研究——对中国1978—2007年"结构红利假说"的检验》,《中国工业经济》2009年第2期。

干春晖、郑若谷、余典范:《中国产业结构变迁对经济增长和波动的影响》,《经济研究》2011年第5期。

高良谋、李宇:《企业规模与技术创新倒U关系的形成机制与动态拓展》,《管理世界》2009年第8期。

龚仰军:《产业结构研究》,上海财经大学出版社2002年版。

郭春丽:《不同发展阶段需求结构的比较研究及对我国的启示》,《中国经济:劳动力供求、通货膨胀与经济周期》,经济科学出版社2012年版。

郭克莎:《21世纪初期中国工业的增长与结构变动》,《中州学刊》2001年第2期。

郭克莎:《工业化新时期新兴主导产业的选择》,《中国工业经济》2003年第2期。

郭克莎:《三次产业增长因素及其变动特点分析》,《经济研究》1992年第2期。

郭克莎:《我国产业结构调整与结构成长的关系》,《中国社会科学院研究生院学报》1990年第5期。

郭其友、芦丽静:《经济持续增长动力的转变——消费主导型增长的国际经验与借鉴》,《中山大学学报》(社会科学版)2009年第2期。

国家统计局综合司课题组、盛来运:《我国经济增长动力及其转换》,《调研世界》2014年第12期。

韩莹:《技术进步对我国经济增长贡献率的测定及实证分析》,《经济问题探索》2008年第4期。

华尔特·惠特曼·罗斯托(Rostow, W. W.):《经济增长的阶段:非共产党宣言》,国际关系研究室编译所译,商务印书馆1962年版。

黄泰岩:《中国经济的第三次动力转型》,《经济学动态》2014年第2期。

姜巍、徐文:《中国传统经济增长动力结构的特征、危机与提升》,《经济问题探索》2011年第8期。

金碚:《中国经济发展新常态研究》,《中国工业经济》2015年第1期。

金相郁:《产业结构与区域经济增长:基于动态外部效应》,《华中师范大学学报》(人文社会科学版)2007年第3期。

李小平、卢现祥:《中国制造业的结构变动和生产率增长》,《世界经济》2007年第5期。

李扬、张晓晶:《"新常态":经济发展的逻辑与前景》,《经济研究》2015年第5期。

凌文昌、邓伟根:《产业转型与中国经济增长》,《中国工业经济》2004年第12期。

刘长庚、张磊:《中国经济增长的动力:研究新进展和转换路径》,《财经科学》2017年第1期。

刘立峰:《新常态下政府投资方向选择》,《宏观经济研究》2015年第12期。

刘瑞翔、安同良:《中国经济增长的动力来源与转换展望——基于最终需求角度的分析》,《经济研究》2011年第7期。

刘伟:《工业化进程中的产业结构研究》,中国人民大学出版社1995年版。

刘伟、李绍荣:《产业结构与经济增长》,《中国工业经济》2002年第5期。

刘伟、苏剑:《"新常态"下的中国宏观调控》,《经济科学》2014年第4期。

刘伟、张辉:《中国经济增长中的产业结构变迁和技术进步》,《经济研究》2008年第11期。

刘志彪、安同良:《中国产业结构演变与经济增长》,《南京社会科学》2002年第1期。

柳思维:《适应新常态下消费发展新趋势培育新消费热点的思

考》,《消费经济》2016年第6期。

吕宏芬、池仁勇:《江、浙、沪技术进步贡献率实证分析》,《科技管理研究》2008年第8期。

吕铁:《制造业结构变化对生产率增长的影响研究》,《管理世界》2002年第2期。

吕铁、周叔莲:《中国的产业结构升级与经济增长方式转变》,《管理世界》1999年第1期。

马海倩:《新常态下上海经济增长潜力及动力机制研究》,《科学发展》2015年第12期。

帕西内蒂:《结构转变与经济增长》,商务印书馆1990年版。

上海市统计局综合处课题组、秦丽萍、阮大成、陈君君:《上海经济发展阶段特征及"十三五"经济增长动力研究》,《调研世界》2015年第4期。

石涛、张磊:《劳动报酬占比变动的产业结构调整效应分析》,《中国工业经济》2012年第8期。

唐诗、包群:《主导产业政策促进了企业绩效的增长吗?——基于外溢视角的经验分析》,《世界经济研究》2016年第9期。

王辰:《主导产业的选择理论与我国主导产业的选择》,《经济学家》1995年第3期。

王志华、董存田:《我国制造业结构与劳动力素质结构吻合度分析——兼论"民工荒"、"技工荒"与大学生就业难问题》,《人口与经济》2012年第5期。

西蒙·库兹涅茨:《各国的经济增长——总产值和生产结构》,商务印书馆1999年版。

肖六亿:《劳动力流动与地区经济差距》,《经济体制改革》2007年第3期。

谢露露:《产业结构调整、劳动力跨区域流动和集聚效应》,《上海经济研究》2013年第1期。

许召元:《从固定资产投资"新常态"看当前宏观经济形势》,

《发展研究》2016年第1期。

亚当·斯密：《国民财富的性质和原因的研究》，郭大力、王亚南译，商务印书馆1972年版。

闫星宇、张月友：《我国现代服务业主导产业选择研究》，《中国工业经济》2010年第6期。

严先溥：《加快我国消费模式转型步伐——中美两国消费模式的比较与启示》，《经济研究参考》2010年第27期。

杨治：《产业经济学导论》，中国人民大学出版社1985年版。

姚战琪：《生产率增长与要素再配置效应：中国的经验研究》，《经济研究》2009年第11期。

于江波、王晓芳：《经济增长驱动要素在空间与时间两维度的动态演变轨迹》，《经济与管理研究》2015年第5期。

余江、叶林：《资源约束、结构变动与经济增长——基于新古典经济增长模型的分析》，《经济评论》2008年第2期。

袁志刚、解栋栋：《中国劳动力错配对TFP的影响分析》，《经济研究》2011年第7期。

约翰·梅纳德·凯恩斯：《就业、利息和货币通论》，高鸿业译，商务印书馆1999年版。

曾光、何奕：《长三角产业结构变动与经济增长比较分析》，《华中农业大学学报》（社会科学版）2008年第1期。

张军、陈诗一、Gary H. Jefferson：《结构改革与中国工业增长》，《经济研究》2009年第7期。

张湘赣：《产业结构调整：中国经验与国际比较——中国工业经济学会2010年年会学术观点综述》，《中国工业经济》2011年第1期。

张晓明：《中国产业结构升级与经济增长的关联研究》，《工业技术经济》2009年第2期。

赵昌文、许召元、朱鸿鸣：《工业化后期的中国经济增长新动力》，《中国工业经济》2015年第6期。

郑若谷、干春晖、余典范：《转型期中国经济增长的产业结构和制度效应——基于一个随机前沿模型的研究》，《中国工业经济》2010 年第 2 期。

植草益：《信息通讯业的产业融合》，《中国工业经济》2001 年第 2 期。

周振华：《现代经济增长中的结构效应》，上海三联书店、上海人民出版社 1995 年版。

朱平芳、徐大丰：《中国城市人力资本的估算》，《经济研究》2007 年第 9 期。

［英］威廉·配第（William Petty）：《政治算术》，商务印书馆 1978 年版。

Arrow, Kenneth J., "The Economic Implications of Learning by Doing", *Review of Economic Studies*, 29 (June), 1962.

Chenery, H. B., S. Robinson and M. Syrquin, "Industrialization and Growth: A Comparative Study", *New York: Oxford University Press*, 1986.

Cohen & Zysman, J., Manufacturing matters: the myth of the post-industrial economy, Basic Book, 1987.

Denison, E. F., "Why growth rates differ: postwar experience in nine western countries", *The Brookings Institution*, Washington, 1967.

Domar, E. D., "Essays in the theory of economic growth / Evsey D. Domar", *The Economic Journal*, 1963, 73 (290).

Eswaran, M., Kotwal, A., "The role of the service sector in the process of industrialization", *Journal of Development Economics*, 2002, (2).

Guerrieri, P., Meliciani, V., International Competitiveness in Producer Services, Paper presented at the SETI Meeting in Rome, 2003 (5).

Harberger, A. C., "A Vision of the Growth Process", *American Economic Review*, 1998, 88 (1).

Harrod, R. F., "An essay in dynamic theory", *The Economic Journal* (193), 1939.

Kakaomerlioglu, B. C., Carlsson, B., Manufacturing in decline? a matter of definition, Economics of Innovation and New Technology, 1999.

Kuznets, S., "Economic Growth of Nations: Total Output and Production Structure", *Harvard University Press*, Cambridge, Massachusetts, 1971.

Kuznets, S., "Growth and Structural Shifts", in W. Galenson (ed.), Economic Growth and Structural Change in Taiwan, London: Cornell University Press, 1979.

Lewis, W. A., "Economic Development with Unlimited Supplies of Labor", *Manchester School of Economics and Social Studies*, 1954, 22.

Lucas, R. E., "Making A Miracle", *Econometrica*, 1993, 61.

Pappas, N., Sheehan. The New Manufacturing: Linkages between Production and Services Activities, Working Paper, No. 16, 1998.

Peneder Michael, "Industrial Structure and Aggregate Growth", *Structural Change and Economic Dynamics*, 2003, (73).

Robinson, S., "Sources of Growth in Less-Developed Countries: A Cross-Section Study", *Quarterly Journal of Economics*, 1971 (85).

Sachs, J., Woo, W. T., Fischer, S., et al., "Structural factors in the economic reforms of China, Eastern Europe", and the former Soviet Union. Economic Policy, 1994, 1.

Salter, W. E. G., "Productivity and Technical Change", *Cambridge University Press*, Cambridge, UK, 2019.

Sheshinski E., "Optimal Accumulation with Learning By Doing", *essays on the theory of optimal economic growth*, 1967.

Solow, Robert, M., "A Contribution to the Theory of Economic Growth", *Quarterly Journal of Economics*, 70, February, 1956.

Sonobe, T. and Keijiro Otsuka, Changing Industrial Sturcture and Economic Development: Prewar Japan revisited. Paper presented at The Economics and Political Economy of Development at the Turn of the Century Conference in Memory of John C. H. Fei. Taipei, 1997.

Swan, Trevor W., "Economic Growth and Capital Accumulation", *Economic Record*, 32 (*November*), 1956.

Vandermerwe, S. & J. Rada, Servitization of Business: Adding Value by Adding Services, European Management Journal, Vol. 6, No. 4, 1988.

WW Rostow, "The stages of economic growth: a non-communist manifesto", *Cambridge University Press* (*Reprint*), 1991.